总　序

　　时值中国传媒大学成立60周年之际,中国传媒大学人文社会科学青年学者资助项目正式选定了十部支持专著,这是我校在人文社科研究方面所取得的又一成绩。

　　这套丛书的出版不仅是为了落实学校科研支持政策,更是为了响应国家的号召。2014年,李克强总理与历年国家杰出青年科研基金获得者代表座谈交流时曾提到,人才特别是优秀青年人才是国家科技实力、创新能力和竞争力的重要体现,代表着国家创新的未来。做好这方面的工作,对加快转变发展方式、实施创新驱动战略具有重大意义。作为教育部直属的国家"211工程"重点建设大学和国家"985优势学科创新平台"项目重点建设高校,中国传媒大学在信息传播领域的学术发展也是我国高校人文社科研究发展的一个重要组成部分。

　　建校60年来,我校在科学研究方面产出了大量的优秀成果。特别是在信息传播领域,我校广大教师正确面对我国信息传播事业飞速发展过程中机遇和挑战并存的复杂形势,迎难而上、克难攻坚,始终保持着饱满的科研热情,坚守着学校的殷切期望,及时、准确地把握国家提供的战略契机,以充分的准备和足够的信心面对挑战、迎接挑战,积极开展多领域、内容丰富的科研工作,收获了累累硕果。在2012年教育部组织的全国学科评估中,我校新闻传播学、戏剧影视学两个学科均排名第一。

　　目前我校的3个学部(新闻传播学部、艺术学部、文法学部)、1个中心(协同创新中心)和5个直属学院(播音主持艺术学院、广告学院、经济与管学院、外国语学院、MBA学院)是文科科研和艺术创作的主要力量源泉。同时,学校文科方面还拥有新闻学、广播电视艺术学2个国家重点学科,传播学1个国家重点培育学科,新闻传播学、艺术学理论、戏剧与影视学3个一级学科北京市重点学科,语言学及应用语言学、动画学2个二级学科北京市重点学科;拥有教育部人文社会科学重点研究基地广播电视研究中心等部级研究机构13个和校级科研机构40个,在我国人文社科领域具有相当重要的地位和影响力。

近年来,我校在人文社科领域先后有2人入选"长江学者"特聘教授、2人入选"长江学者"讲座教授、3人入选"新世纪百千万人才工程"国家级人选、25人入选教育部"新(跨)世纪优秀人才支持计划"、2人次荣获国家级教学名师奖、2人次荣获全国优秀教师荣誉称号。更有越来越多的青年教师荣获教育部科学研究优秀成果奖、北京市哲学社会科学优秀成果奖等含金量较高的奖项。众多奖项和数字的背后,凝聚的正是全校思想活跃、朝气十足的广大青年教师夜以继日、笔耕不辍的劳动,他们是真正帮助我校文科科研日益发展壮大的薪火相传的主力军。这支主力军的成长得益于两个方面:

一方面,我校立足长远,着力于对广大青年教师进行有计划、有目标的专业培训,加大对青年教师科研项目的经费投入,鼓励青年教师进行交叉学科项目的科学研究。中国传媒大学科研培育项目的设立,有效调动了青年教师的科研积极性,整体提升了我校人文社科的科研氛围与科研能力;邀请国内外专家学者来校开展社会科学研究系列讲座,积极拓展广大师生的学术视野;研究《艺术创作与获奖评价体系》,将科研与艺术创作有效结合,激发广大教师艺术创作的热情;研究《重点学科指标评测体系》,将我校的优质学科与国内外顶尖高校的相应学科进行深层对比,巩固我校两个优势学科在全国的领先地位;打造《中国传媒大学文科科研手册》,方便教师全面了解科研工作情况;建设完成文科科研成果库(一期工程),共收集信息传播领域论文15 500余篇、著作3 258册、研究报告730余篇,形成了我校自建校以来最为完整的科研成果文献体系;本着"高标准、精投入"的原则,集中一批优秀科研人才，引导广大教师特别是青年教师围绕全媒体、大数据等热点领域积极开展科研工作，营造了一个砥砺切磋的良好学术环境，促成了更多高水平科研成果的产生。

另一方面，我校广大青年教师努力开拓创新，将现代理论有机融合于具体实践之中，在变化中求发展，在发展中谋变化，不断寻找立意新颖的科研课题，以蓬勃向上和不断进取的青春锐气、以孜孜不倦和奋力前行的勇气，扎根于文科科研工作，并不断茁壮成长。青年教师在学校"钻研、精研、深研"的方针指导下，凭借着旺盛的科研热情，在一系列科研、教学比赛和国际学术拓展中取得了令人瞩目的成绩。

此次青年学者出版资助项目就是这些科研成果中的一部分。也正是在优渥的科研鼓励政策的鼎力支撑下，才有了一批30～45岁的优秀青年学者倾心无忧，精心钻研，用心谋划，专心治学，大胆施展才华，安心科研工作，最终促成了"中国传媒大学青年学者文丛"的顺利面世。

学校文科科研的发展离不开青年教师的成长，学校管理机制的完善助力青年教师的进步。希望我校广大青年教师在科学研究的道路上不畏艰险、勇于创新，不断探索前行！

是为序。

中国传媒大学副校长、教授

廖祥忠

2015 年 12 月 8 日

CONTENTS 目录

引　言 …………………………………………………………… 1

第一章　消费者增权对消费者保护的现实意义 ………………… 2
第一节　消费者保护在现代经济社会中的要义 ………………… 2
第二节　消费者增权理念的提出 ………………………………… 15

第二章　多学科视野下的消费者保护研究 ……………………… 19
第一节　消费者与消费者权益的概念诠释 ……………………… 19
第二节　增权理论与消费者权力 ………………………………… 22
第三节　消费者保护的相关研究 ………………………………… 29

第三章　国内外消费者增权的发展历程与经验比较 …………… 37
第一节　国外消费者保护的发展历程 …………………………… 39
第二节　国内消费者保护体系的建立 …………………………… 50
第三节　增权视角下国内外消费者保护的经验比较 …………… 64
第四节　小结 ……………………………………………………… 79

第四章　互联网对消费者信息供给型增权的影响……………… 84
第一节　互联网环境对消费者增权的重构…………………… 85
第二节　消费者信息供给型增权的路径选择………………… 93
第三节　消费者信息供给型增权变革的影响………………… 104
第四节　小结…………………………………………………… 108

第五章　互联网对消费者制度供给型增权的推动……………… 111
第一节　国内消费者保护体系面临的问题与挑战…………… 112
第二节　消费者制度供给型增权完善的方向………………… 122
第三节　案例解析：消费评测类企业的兴起………………… 138
第四节　小结…………………………………………………… 152

第六章　结语……………………………………………………… 154
第一节　我国消费者保护历程的特征、路径与意义………… 155
第二节　对后续研究的展望…………………………………… 160

参考文献…………………………………………………………… 162
附　录……………………………………………………………… 171
后　记……………………………………………………………… 187

引 言

　　市场经济的成熟和完善,必然包括消费者权益保护的升级。在我国经济社会发展取得巨大成就、国际地位显著提升的同时,我国社会转型期中的各种问题和矛盾也不断凸显。由于市场监管制度不完善,消费者知识水平与媒介专业度良莠不齐,误导消费者的信息层出不穷,各种侵害消费者的行为屡禁不绝。消费者权益纠纷问题已经不仅仅是个体和生产经营者之间的关系问题,而更多体现的是消费者群体与生产经营者之间权利与义务的不对等。涉及消费者权益纠纷的范围逐步扩大,更切实地涉及社会各个方面的公共利益问题。

　　从各国消费者权益保护的发展历程来看,制度供给和信息供给是消费者增权的基本方式。互联网增权从本质上说是一种信息增权,因为它带来的媒介近用权,即信息的可接近与可使用特性,使得互联网成为消费者互动与参与活动的有效工具,给消费者提供了更多的表达途径。互联网被赋予的时代使命与在社会变迁中所扮演的角色,在我国推动社会治理体系和治理能力现代化的背景下有着更为重要的意义。

　　互联网技术使消费者个体、群体和组织有了更多主动增权的途径与可能。互联网在消费者增权这一主题上,在推进信息供给型增权的同时,也将推进制度供给型增权。在条件具备的情况下,互联网在消费者、企业与政府监管三个层面都进行了增权。消费者之间在互联网上的互动及消费者对企业、政府监管的信息反馈,将重塑消费者保护的格局。政府监管机构则能够利用互联网来提升其治理水平,进而使全体消费者受益。

第一章 消费者增权对消费者保护的现实意义

第一节 消费者保护在现代经济社会中的要义

消费者保护是指政府、企业、社会自治组织以及消费者采取行动以维护和增强消费者权益的一种演化行动,目的是强化消费者权益,减少消费和使用产品过程中的消极后果,形成透明、公平的市场交换规范。消费者保护需要通过政治、经济和社会的变化实现其目的。政治变化包括消费者保护政策和管制政策的变化,经济变化包括社会和商业环境中不道德、不公平、不负责的商业行为的改变,社会变化包括人们权利意识的提高及对消费者保护问题的态度和行为的改变等。

消费者问题,可以是结构性问题,也可以是利益性问题或者技术性问题。[①] 其中,结构性问题是指由商品供求之间在总量上和结构上的不平衡所引起的消费者的正当需求得不到满足的问题;利益性问题是指由商品生产经营者谋取自身利益最大化的行为所导致的对消费者不负责任的、侵害消费者利益的问题;技术性问题是指由于科技进步,商品的生产经营活动日趋复杂,以致产品的技术性能或者服务达不到应有的标准和要求所产生的消

---

① 彭华民. 消费者运动论[J]. 社会,1999(2):44-46.

费者问题。

消费是社会再生产关系中的重要环节。消费既要受到生产的制约，同时也对生产有重要的反作用。消费者是消费活动和消费关系的主体，依法保护消费者的合法权益，有利于保障消费需求，提升生产水平和流通水平。消费者保护涉及社会治理结构中多层次的多元主体，包括政府、生产经营者、社会组织以及消费者，而非消费者个体或者群体的单独行动。可以说，其中每一主体的力量变化都会对消费者保护的发展产生影响，从而使市场中消费者权益"被忽视"的程度增加或减弱。

自第二次工业革命以来，机器生产和现代化企业逐渐代替了过去落后的手工作坊式的小规模生产。随着生产力的大幅度提升以及现代管理理念的发展，产品和服务的供给大幅度增加。虽然表面上消费者的需求得到了满足，但是因产品缺陷导致的消费者利益受损事件不断发生，甚至危及消费者的人身安全。利益性问题逐渐成为发达国家消费市场中的主要问题，对消费者的消费生活产生了极大影响，日益引起人们关注。随着发展中国家人民生活水平的提高，在全球贸易的推动下，结构性问题和技术性问题也成为人们关注的重要议题，转变消费市场的结构、提升产品的技术含量成为这些国家促进经济转型升级的必由之路。

消费者保护运动起源于美国，主要背景是消费者侵害问题的加重：

首先，随着美国家庭可支配收入的增加和个人所受教育水平的提高，消费者的需求逐渐难以被满足。生产力的迅速发展使大多数美国人的物质生活状况得到显著改善，消费者的需求转向更高的生活品质。然而，产品和服务中包含越来越复杂的科技，发达的物流体系和媒介带来的营销能力将海量商品推送给消费者。原有产品的改造升级、新产品的研发制造、眼花缭乱的媒介广告、丰富多彩的促销手段，这些本应给消费者带来更多满足和美好体验的消费境况反而使消费者变得越来越困惑。同时，消费者的物质生活水平显著提高，但商业环境，尤其是与消费者身心健康密切相关的生态环境却显著恶化。这些由消费水平提高引发的内生性矛盾，给消费者的生活带来了更多的困扰,引发了消费者的不满情绪,引起了社会各层面严重的结构性紧张。此外,其他社会冲突与政治矛盾(如呼吁种族平等、女性平等的民权运动和反对越南战争的示威游行等),更激发了消费者的烦躁情绪。

其次,消费者组织的引导和大众媒介的推动,使得消费者的权利意识逐渐觉醒。消费者运动领导人物拉尔夫·纳德(Ralph Nader)因锲而不舍地对汽车生产商的侵害问题进行揭发和批评而成为美国消费者运动的代表人物。大众媒体通过深度的调查性报道持续揭发损害消费者利益的丑闻,消费者运动被大规模报道,引发了公众舆论浪潮,消费者组织和相关利益群体持续发起请愿示威的行动,作为消费主力的美国家庭主妇变得对生产经营者更加警惕。这些事实与美国民主选举的政治传统结合后,进一步推动了消费者运动的发展。

最后,立法机构、政府和生产经营者没有高度重视消费者的权利意识觉醒和诉求,没有采取有效的措施与消费者达成和解或共识,这使消费者保护运动的发展成为全社会的关注焦点。如果政府和生产经营者反应迅速、施策得当,就有可能遏制早期消费者保护运动的迅猛发展势头。面对消费者持续而猛烈的抗议行动,美国社会各界开始反思和讨论促使商业环境良性发展的对策。以彼得·德鲁克(Peter F. Drucker)、菲利普·科特勒(Philip Kotler)等为代表的学者从营销学的角度探讨消费者运动的动因和意义,深入反思营销实践给社会带来的负面效应。他们认识到保护消费者对于市场营销理论和实践的重大意义以及对企业经营管理的重要启示,这是营销学发展历程中的一个显著进步。而对消费者保护的重视也推动了营销学研究范式的变迁,即从对营销者、营销方式的研究转向对营销的社会影响的研究,特别是对消费者保护及对其催生的企业社会责任的研究。

改革开放以来,我国经济生活中生产力的制度性约束得到了一定缓解。随着生产力的迅速解放,市场繁荣带来的竞争也日益激烈,生产经营者实现自身利益最大化的形式和方法也开始多样化,其中也涉及非法与不道德的手段,还有一些处于两者之间的边缘地带。现阶段我国市场经济的整体成熟度还不够高，市场监管功能和执法能力也不够完善，法规和制度上还存在着诸多的缺陷，这些问题的存在使损害消费者利益的行为屡禁不止，甚至在个别领域泛滥成灾。尤其是在食品安全领域，波及全国的有毒食品案件时有发生，这些事实严重地损害了消费者的身心健康，极大地打击了消费者对国产商品的信心。

随着市场经济的进一步发展，消费者已经逐渐成长为影响市场经济发展和社会进步的重要因素。然而，相对于生产经营者而言，消费者无论是在经济基础、信息获取和经验优势方面，还是在政策把握、行政诉讼与进行维权的能力等方面，都处于显而易见的劣势地位。生产经营者的主观原因造成产品的缺陷和瑕疵，往往会使大量消费者受到利益损害，消费者凭借个体的薄弱力量往往难以抵抗利益受损的结果。即使损害的后果比较小，放任这种情况蔓延也会使生产经营者更加肆意妄为，对社会整体利益的损害将更为严重。在我国经济转型与社会转型并行推进的阶段，消费者更需要被赋予更多的权利保障。

越来越多中外学者意识到，在传统经济中，市场经济天然的缺陷致使生产经营者在营销过程中处于信息把握的优势地位，生产营销者采取的营销策略带有强迫性和入侵性，让消费者被迫承担自我选择（self-select）的任务。[①] 全球一体化经济的发展和互联网革命的兴起等经济环境的重大变革改变了这一切：消费者的权利在不断提高，并深刻影响了各市场主体的地位。但在经营实践中，居于主导地位的营销模式仍是基于过去的权利结构，这使企业的营销效率开始下降。[②] 要改变营销现状，必须深入研究消费者增权（consumer empowerment）[③]理论的最新进展，使之对互联网环境下的管理实践具有更好的指导作用，推进更多营销创新行动。

---

① SMITH J W. Coming to concurrence[A]//WALKER S J. Does marketing need reform?. New York：M.E. Sharpe，2006：15-24.
② 郭国庆，李光明. 消费者增权理论的最新进展及其启示[J]. 中国流通经济，2010，24(8)：58-61.
③ 又译消费者赋权，本书在引用中尊重原文翻译，赋权与增权的概念通用。

1994年,我国出台了第一部《消费者权益保护法》(2014年进行了新版修订)。从立法宗旨来看,对消费者给予特殊保护的宗旨产生于现代消费社会对消费者个体弱者地位的认识。而今,外贸、投资和消费已经是经济发展中的三大动力,发展消费首先就要满足消费者日益增长的物质文化需要。维护消费者权益是维护消费者信心与信任的重要保障,也是维护社会共同利益的集中体现形式。从改革层面说,维护消费者权益已成为调整社会经济关系最核心、最直接的问题之一,我国消费理论的研究、产业政策的制定也需要从消费者角度进行推进。

一、消费者保护是市场经济的重要议题

消费者保护是在自由市场经济中赋予消费者权利的一个至关重要的方面。美国总统约翰·F. 肯尼迪(John F. Kennedy)认为:"消费者是消费社会中最大的经济团体,他们影响着几乎每一个涉及公共的和私人的经济决策,并且也受到这些决策的影响。然而,消费者的意见往往又被忽视,所以他们应该被视为唯一重要的团体而受到应有的重视。"为此,1962年3月15日他向国会提出了举世闻名的《关于保护消费者利益的总统特别咨文》(*Special Message to the Congress on Protecting the Consumer Interest*)[①],赋予消费者四项基本权利:安全权(the right to safety)、知情权(the right to be informed)、选择权(the right to choose)和受尊重权(the right to be heard),此举将消费者保护运动推向新的历史阶段。这四项消费者基本权利逐步被各国接受,并在消费者保护的实践中得到进一步发展。在实践中,上述权利对于保护消费者仍有明显不足,如缺乏在消费者受到侵害时的赔偿诉求等方面的法律依据。因此,1969年美国总统理查德·尼克松(Richard Nixon)提出了"索赔权"(the right to redress)的概念和"集体诉讼"(the right to sue

---

① KENNEDY J F. Special message to the congress on protecting the consumer interest[EB/OL]. [2017-01-12]. http://www.presidency.ucsb.edu/ws/?pid=9108.

as a class and not only as individuals)①的权利,进一步完善了保护消费者的法律依据。

从经济角度来讲,信息不对称是市场的天然缺陷,信息不对称导致的交易不公是市场经济的弊病。信息不对称的产生是由于人们获取有效信息需要付出的时间和精力成本较大,同时也反映出人们对现实世界认识能力的局限性。经济的繁荣带来消费者生活节奏的加快,可支配时间、注意力和信任等都变为消费者的稀缺资源。消费者不可能充分掌握所有可购买产品的知识,也不可能随时随地获得专家的消费咨询和指导。消费者注意和搜寻这些信息,进一步加以评估、判断和采用,将导致大量的时间和精力耗损。正如诺贝尔经济学奖获得者赫伯特·亚历山大·西蒙(Herbert Alexander Simon)所说:"显而易见,信息选择需要消耗信息接收者的注意力。"消费者注意力的稀缺使得这种宝贵资源只能被用在受人关注和值得注意的有限信息上。在诚信缺失和投机性行为较为普遍的商业环境下,消费者对产品或品牌的选择与其对生产经营者的信任程度密切相关。现实生活中的消费者不可能占有完全的市场信息,信息不对称将会导致处于信息优势的一方为获得更大的利益而损害处于信息劣势的一方的利益,造成道德风险和逆向选择。在市场交易中,信息不对称将导致消费者权益受损,因此需要通过法律制度来强制保障消费者对产品和服务信息的获取,也需要通过更多有效手段,提高信息的可接近性与透明度。

市场经济的成熟和完善,必然包括消费者权益保护的升级。在我国经济社会发展取得巨大成就、国际地位显著提升的同时,我国社会转型期中的各种问题和矛盾也不断凸显。由于市场监管制度不完善、消费者知识水平与媒介专业度有待提升,各种误导消费者的信息形式持续翻新,侵害消费者权益的行为屡禁不绝。消费者权益纠纷问题不只是消费者个体和生产经营

---

① RICHARD N.Special message to the congress on consumer protection[EB/OL].[2017-01-12]. http://www.presidency.ucsb.edu/ws/?pid=2299.

者之间的关系问题,同时更多体现的是弱势的消费者群体与强势的生产经营者群体之间整体权利与义务的不对等。

重视提升消费者权益,有利于推动企业提升产品品质,实现价值链升级,增加有效供给,提高供给体系的质量和效率。重视消费者的诉求、维护消费者的权益是企业赢得可持续竞争力的内在动因,有助于企业形成契约精神与诚信文化。对于生产经营来讲,企业社会责任运动的兴起直接源于消费者运动的压力,正如米尔顿·弗里德曼(Milton Friedman)指出的,"仅存在唯一的一种商业社会责任——只要遵守职业道德,即利用商业资源,从事那些目的是增加利润的商业活动,换言之在没有欺诈与诡计的情况下,从事自由、公开的商业竞争"[①]。从消费者的角度来看,因消费者保护运动而兴起的企业社会责任运动,其最终目标应设定为"对消费者和社会公共利益有害的事尽量少做,对有益于消费者和社会公共利益的事尽量多做"。要实现前一个目标,非常重要的一点就是保护消费者权益,而实现后一个目标则需要企业不断参与社会公益活动。虽然《消费者权益保护法》已经颁布和实施了多年,但还有相当多的生产经营者尚没有意识到消费者保护也是企业社会责任中的一个重要组成部分和考核内容。随着社会的进步、消费者组织的强化、信息通信技术的全面发展,以及消费者运动的持续高涨,消费者保护运动演化成品牌信任危机、反品牌团体、公益诉讼等针对性更强、持续更久、影响更大的社会运动。关注消费者保护,一方面有助于使生产经营者赢得消费者和全社会的认可与尊重,为生产经营者创造有利的外部环境;另一方面有助于生产经营者在市场经营中提升管理水平和竞争力。

随着全球经济一体化的逐步深入,跨国商务活动日益频繁。对消费者权益保护认识的不足与政策保障措施的缺乏,影响到了我国的国际经济交往活动。美日欧等发达国家和地区在消费者保护方面持续进步,形成了一整套有效、快捷、成熟的消费者保护制度,在绿色环保、技术要求上也具备了

---

① 弗里德曼.弗里德曼文萃[M].高榕,范恒山,译.北京:北京经济学院出版社,1991:156.

一定的核心竞争力,形成了国际贸易壁垒。在此背景下,外资品牌损害中国消费者权益的行为屡有发生。在全球化贸易体系中,数量庞大的中国消费者越来越受到积极谋求商业利益的跨国公司的倚重,然而跨国公司似乎忽视了中国消费者的权利价值,而对中国消费者的市场价值更感兴趣,他们时常用双重标准来对待中国消费者。在我国加入世贸组织后,随着全球经济融合程度的进一步加深,我国消费者的维权问题面临着更为复杂的因素:一是维权斗争的对象不仅是国内各类型企业,还包括实力强大的跨国公司;二是法律制度缺失和市场监管缺位加大了消费者维权的难度与成本,更加深了消费者对政府的依赖;三是具有集体诉讼能力和更强专业保护性的非营利性民间消费者组织还没有产生。在 2011 年"丰田汽车召回事件"中表现出色的浙江省工商行政管理局局长郑宇民,在接受《21 世纪经济报道》的采访时指出,"消费维权也是一种国家战略""消费维权也是一种国家竞争力"。[①] 在全球化背景下,将消费维权放在这样的战略高度,意味着政府需要从以往只注重全球市场经济中的产业布局和企业竞争的战略布局,转向高度重视对消费者的保护,并将参与市场竞争与保护消费者当作市场经济的一体两面,同时在全球贸易体系中,将保护消费者合法权益提升到更重要的层级。

二、消费者保护促进经济结构的转型升级

随着我国市场经济的进一步发展,"以消费为主导"成为转变经济结构、保持可持续发展的必然选择。当前,我国经济正在向拥有更高层级的生产力形态和更合理的产业结构的阶段演化,经济发展正从高速增长转向中高速增长,经济发展方式正从注重规模速度的粗放增长型向注重质量效率的集约增长型转变,经济结构正在以"去产能、去库存、去杠杆、降成本、补短板"为目标进行深度调整,经济发展正从重外贸、重投资的传统增长模式转

---

① 林晓珊.消费维权运动中的市场、国家与消费者组织:消费公民权的一个分析框架[J].学术研究,2012(7):56-63.

向鼓励消费的新兴增长模式。2008年全球金融危机爆发后，我国政府认识到改变外向型经济最好的方式之一是拉动内需、刺激消费。迟福林指出："结构调整的重点是解决投资——消费关系的失衡。我国过渡性体制带来的结构性问题还相当突出，集中反映在投资消费结构的失衡上。2001～2010年，投资率从36.5%持续提高到48.6%，而消费率则从61.4%持续下降到47.4%。走向消费主导是转变经济发展方式的重要抓手。"[1]消费领域存在的瓶颈既是我国经济发展过程长期积累的突出矛盾，也是深化改革必须直面的重大挑战。实现国家中长期公平稳健发展，形成消费主导的新格局，既是短期经济增长的着力点，又是中长期可持续良性发展的战略选择。同时，维护消费者权益、维护公平交易的市场秩序，成为促进消费的重要保障。

2016年，为了更好地满足和引领消费，不断加强消费拉动经济的基础作用、提升消费层级，国务院办公厅接连发布《关于开展消费品工业"三品"专项行动 营造良好市场环境的若干意见》（国办发〔2016〕40号）、《关于发挥品牌引领作用 推动供需结构升级的意见》（国办发〔2016〕44号）等促进消费转型升级的指导意见。这些文件清晰地指出我国消费品工业核心竞争力和创新力的不足，在品种、品质、品牌方面与国际先进水平尚有较大差距，目前的有效供给能力和水平难以满足消费升级的需要。这些文件提出了以"实施增品种、提品质、创品牌的'三品'战略"为抓手和以"发挥品牌引领作用"为切入点的观点，着力营造公平竞争的营商环境，从供给侧和需求侧两端发力，提高消费品的有效供给能力和水平。同时，这些文件还指出应加快培育和发展品牌，为经济的可持续增长提供强有力的支撑，以内涵式的发展促进经济良性发展。对于需求侧而言，强化市场监管、完善相关制度，让消费者买得舒心、用得放心，才能使消费者安心消费。党的十八大提出在2020年全面建成小康社会，切实保障消费者权益，满足其提高生活质量的需求是真正实现小康生活的内在要求。

---

[1] 迟福林.消费主导的改革与中国前景[J].人民论坛，2012(9):46-47.

2010年前后,中国超越日本成为世界第二大经济体。在全球消费品生产、贸易和消费领域,中国的影响力已经不容小视。在国民生产总值的贡献度方面,消费对我国经济增长的促进作用明显增强。但值得关注的是,国内的消费者对国内商业环境的信心不足,消费品标准和质量与发达国家存在一定差距,消费品供给结构不合理,呈现出较为明显的供需错配。这些问题制约了国内消费增长,甚至导致消费外流。国家统计局数据显示,2021年我国人均GDP突破8万元,超过世界人均GDP水平。根据国际经验,这一时期消费者已经开始从以物质消费为主转向物质消费和精神文化消费并重,甚至在经济发达的一、二线城市,消费者已经开始转向以精神文化消费为主。根据中国旅游研究院《2020中国出境旅游发展报告》[①],2019年,我国的出境旅游市场仍然保持了增长态势,但增长速度放缓,规模达到1.55亿人次,相比2018年同比增长3.3%,连续位居全球出境旅游人次榜榜首。2019年,我国出境游客境外消费超过1 338亿美元,增速超过2%,出境旅游购物市场规模已达1 098亿美元。在新冠肺炎疫情爆发之前,我国消费者的海外消费增速大大快于国内消费,并且呈现出由购买奢侈品转向购买日用品的趋势,同时医疗、体育、娱乐等新型消费也在兴起。新冠肺炎疫情导致这一情况发生改变,但是消费者对消费品质升级的需求却不可能就此止步。

除了出境游的购物消费,电子商务的兴起使得在线购买海外商品越来越便利。尼尔森发布的《2015海淘消费者生活形态与购物偏好分析报告》[②]的调查数据显示,2013年、2014年网购者中有海外网购经验的占比均为32%,2015年这一数值上升到63%。面对新冠肺炎疫情的冲击,海关总署发布的2020年外贸进出口数据显示,全年我国货物贸易进出口总额为32.16

---

① 中国旅游研究院.2020中国出境旅游发展报告[R/OL].(2020-11-12)[2021-06-12].http://www.cinic.org.cn/sj/sdxz/shyl/968692.html.
② 尼尔森.2015海淘消费者生活形态购物偏好分析[J/OL].(2016-05-22)[2021-06-12].https://www.sohu.com/a/76563085_334205.调查结果基于对北京、上海、广州、成都、杭州、南京、大连、武汉8个城市1 600多名消费者的在线海淘行为和生活形态的深入研究而形成.

万亿元,同比增长1.9%,逆势上扬;全年跨境电商进出口1.69万亿元,增长了31.1%;出口总值1.12万亿元,同比增长40.1%。海淘在较短时间内的兴起更多得益于全球贸易的高效连通与互联网技术的进步。一方面,我国的贸易体系发达,但国内民生消费市场依然存在税收、成本、市场壁垒的限制,大量海外商品无法进入国内销售领域;另一方面,互联网技术的进步打通了信息流、物流和资金流,消费者能够及时了解并方便地采购到更多其他国家和地区生产的优质产品。在2019年中国海淘消费者在线上渠道最喜欢购买的产品品类调查①中,消费者最喜欢购买的是美容彩妆类产品,占比为40.6%;位列第二和第三的分别是洗护用品和营养保健产品,分别占38.2%和35.8%;占比最小的是运动户外产品,为19.1%(详见图1.1)。在偏好国外商品的消费者中,52%的消费者是因为国外产品有较高质量保障,近半数(48%)的消费者是因为商品的好口碑和可信赖性,这说明品质是消费者在海淘时关心的核心要素。但令人尴尬的是,不少在国外采购的商品却是中国制造,这说明商业体系的信任缺失削弱了国内制造业的品牌效应。

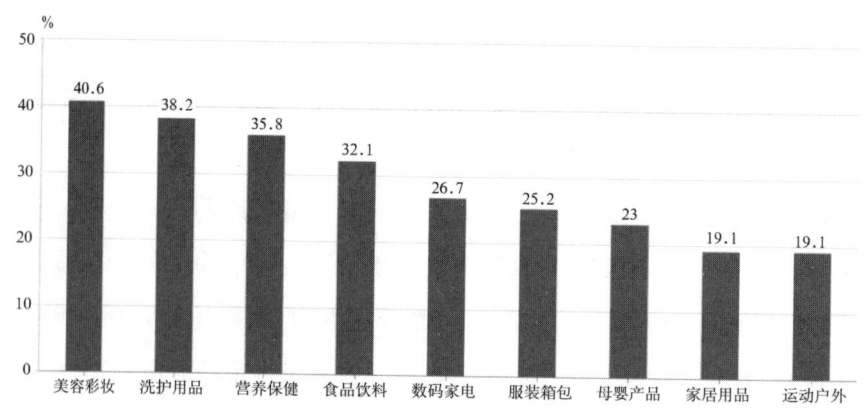

数据来源:艾媒数据中心(data.iimedia.cn)

图1-1 2019年中国海淘消费者在线上渠道最喜欢购买的产品品类

---

① 海淘行业数据分析[EB/OL].(2020-01-09)[2021-06-12]. https://www.iimedia.cn/c1061/67889.html.

王健林认为,导致消费者热衷海外消费的原因首先是价格,其次是安全,最后是服务。① 这些问题都与消费者权益保护不足相关。消费者权益保护不足导致消费者信任缺失,从而使一些消费转移到海外。对于中国企业来说,要想获得消费者的信任与支持,需要认真研究海外消费的特点,从源头进行反思,加强顶层设计;需要进一步提高产品的生产标准、技术水平,认真研究消费需求,进一步提高生产率,降低价格;需要研究消费者的消费心理,只有提高服务水准才能提升消费者的购买体验,才能保障消费、税收与就业,促进经济繁荣,形成良性循环,真正实现经济结构的转型升级;同时,要重视消费者权益,进一步打击假冒伪劣产品,净化市场,这样才有可能建立消费者对国产商品的信心。

三、消费者保护关系社会的公平正义

1966 年,美国总统林登·贝恩斯·约翰逊(Lyndon Baines Johnson)在《消费者利益特别咨文》(*Special Message to the Congress on Consumer Interests*)中,指出"消费者的利益就是美国的利益"(the consumer's interest is the American interest),将消费者利益与国家利益联系起来。② 从政治角度讲,国家对消费者的特殊保护或优先保护被视为消费者保护的首要基本原则,也是联合国大会 1985 年发布的《保护消费者准则》所规定的一般原则,国家应当"铭记着消费者应有权取得无害产品,以及有权促进公正、公平和持续的经济和社会发展"。对消费者采取保护的原则体现了在政治体系中公民拥有合法的消费权利,而且也强调了消费者同生产者一样,应当享有平等

---

① 知名企业家王健林在"2016 飞凡商业博览会暨第十届万达商业年会"的讲话[EB/OL].(2016-08-25)[2021-06-12].http://business.sohu.com/20160825/n466040379.shtml.
② LYNDON B J.Special message to the congress on consumer interests[EB/OL].[2017-01-12]. http://www.presidency.ucsb.edu/ws/?pid=27505.

的权利。① 同时,消费者保护也符合制度改革的趋势。在现存的制度安排和制度结构中,消费者往往是被忽视的群体。不仅如此,整个社会也因为这种权利结构不平衡,而不得不承受社会福利的净损失。政府重视消费者保护不仅有助于提升消费者自我保护的意识和能力,也有助于促进社会良性发展,是推进市场经济发展和社会进步、构建公平合理的市场环境、完善法治建设的重要举措。所以,赋予并保障消费者权利的举措表达了人民对服务型政府职能转换的强烈需求。

消费者是市场经济中重要的主体之一,消费者权利是公民基本权利具体化的重要象征,是公民基本权利的有机组成部分,应当得到有效的维护。消费者权利是与生产经营者的义务相对的,但事实上,与处于强势地位的生产经营者相比,消费者是明显处于弱势地位的,二者无法完全实现权责平等。正因为如此,《消费者权益保护法》才被划归为涉及诸多行政管理门类的经济法范畴,而非处理平等民事主体之间事务的民商法范畴。基于这一不平等关系,法律赋予消费者权利的倾向性在于赋予处于弱势地位的消费者以制度救济。保护广大消费者的合法权利,既是保证市场经济健康运行的必要措施,也是社会主义法制建设的重要内容。受理消费者投诉、合理解决消费者权利受侵害问题,不仅是为消费者挽回损失,更是在缓冲、化解社会矛盾,维护社会的和谐稳定。

日本学者金泽良雄指出:"消费者权利与其说是权利,不如说是作为弱者的消费者恢复失地的一种手段。"②消费者权益纠纷中受侵害的对象除了当事的消费者之外,还有可能涉及不特定的、潜在的受损消费者。这种侵害是叠加的,不仅包括消费者的合法利益,也会触及社会整体的公共利益。消费者权利的损害往往会同时牵涉大量的消费者主体,而这些民众集合在一起会产生巨大的社会影响。如果对消费者纠纷处理不当,导致消费者的合

---

① 联合国《保护消费者准则》的主要内容[EB/OL].[2021-06-12].http://www.china12315.com.cn/html/zt/2012/0316/n_20120316487059424.shtml.
② 金泽良雄.消费者政策的意义及其观点[J].法学家,2001(13):27.

法权益被随意侵害,长此以往无疑会使消费者产生对生产经营者的抵触和不信任感,破坏消费者对于产品和服务的信心与期待,进而导致商业市场的失序、政府监管的失能和社会权力结构的失范等循环演化的不良后果。市场经济的有效运转需要良好的市场秩序和道德环境,更需要消费者的长久信任与稳定支持。

在经济一体化的大背景下,生产经营者的违法行为所造成的损害不仅局限于少数消费者。无论是从持续性还是广泛性来看,这些违法行为都有可能造成不可估量和无法挽回的损害,除了会使消费者对整个产业环境丧失信心,还会对贸易出口、政府公信力以及国际声誉等产生较大影响。生产经营者为获取自身利益的最大化而牺牲了社会整体的公共利益,这种非法和不道德的行为造成的损害往往涉及广大消费者,甚至会影响整个国民经济秩序的正常运行,进而使市场规则遭到破坏,社会公共利益受到严重损害。这些现象的普遍发生会导致消费领域弥漫不安全感,进而导致民众情绪焦虑,最终将危及社会的长治久安。因此,重视对消费者的保护,建立稳定安全的市场经济,维护和谐共生的社会环境,为广大消费者谋求利益,关系着社会的公平和正义。

第二节　消费者增权理念的提出

一、消费者角色的变化

西方消费者保护大致经历了消费者的无知时期、觉醒时期和成就时期。对消费者合法权益的保护大致经过了制定规范公平交易、把控产品质量和有关消费者信贷规则的法律法规三个阶段,实现对消费者价格利益与自主选择利益的保护、对消费者人身财产安全利益的保护,以及对消费者信用权益的保护。这些权利的主张总体呈现出消费者权利受到保护的领域和范围不断扩张的趋势,从保证"消费者有权获得充分的消费品,到获得有质量、安全保证的商品或服务,再到对消费者信用权的全面法律保护"[①]。与大多数西方国家的消费者运动以民间为主、行政监督间接发挥作用的特点相比,我国消费者权利保护的一个突出特点是政府对消费者保护体系的介入程度和主导程度较高,行政权力对消费者保护体系的建设发挥了主要作用。在消费者增权方面,我国政府的制度供给滞后于西方发达国家,在消费者与生产经营者的市场博弈中,处于劣势地位的消费者最终只能依赖政府的庇护来维权。[②]

在监管体系中,消费者一直被认为是受侵害者,需要被保护。而从另一方面来看,消费者既是假冒伪劣商品的受害者,同时又是最广泛的监督力量。王石川指出,除了惩罚性的赔偿之外,"赋权消费者很重要"[③]。每个消费者都非常关心涉及自身安全和利益的吃穿用度,对不安全、不合格的产品消费都感到忧虑和不满。因此,消费者既可能是权利被损害的对象,也可能是最有动力参与监督的社会力量。如此庞大的监督力量目前并未能发挥其效用,一方面原因是我国消费者维护自身权益的能力较低,主要表现有三点:一是缺乏相关知识,识别假冒伪劣产品的能力较低;二是缺乏相关的法律法规知识与法律人员指导,维权意识低;三是维权渠道不畅通,维权成本高导致消费者维权积极性低。部分消费者受教育水平与科学素养不高,对一些明显不合常识、不合常理的虚假宣传仍容易信以为真,落入欺诈陷阱,这就需要政府与各类社会机构加大教育力度,运用消费者喜闻乐见的形式,加强对消费常识和相关法律法规的普及宣传工作,提高消费者的辨别能力和自我保护意识,以及运用法律武器捍卫自身权益的能力。消费者对于商

---

① 钱玉文.消费者权的确立与演变——制度变迁视角的解读[J].现代法学,2010,32(1):74-85.
② 林晓珊.消费维权运动中的市场、国家与消费者组织:消费公民权的一个分析框架[J].学术研究,2012(7):56-63.
③ 王石川.惩罚性赔偿之外还需赋权消费者[N].工人日报,2010-05-13.

品知识的学习、商品信息的了解及其法律保护意识的增加,需要全社会加强对消费者教育的重视,否则就无法促进消费者保护的进程和推动消费者维护自身合法权益的实践。

另一方面,政府与社会机构也需要多渠道、多层次地为个体消费者及相关消费团体创造更好的制度环境与增权渠道,使消费者保护成为全民共识。从政府层面来讲,需要在信息公开、制度设计和机构建设方面加大力度,扩大消费者监督生产经营者的范围和领域。在美国,从联邦、州和地方各级政府机构到众多行业的民间组织,都将消费者保护视作重要的社会公共利益,予以关注并积极参与其中。与消费者保护相关的政府机构拥有投诉受理、立案调查、处罚实施的权力,在必要的时候,还可以行使诉讼权力。民间消费者组织和相关专业机构团体,通常为消费者提供信息服务和法律咨询建议,并能够与政府建立有效沟通机制,向政府机构提出意见和建议。政府机构与民间组织通力合作,相互配合,将消费者保护延伸到市场和社会的各个角落,为消费者提供全方位的支持与保护。但是,在我国市场经济转型的过程中,由于制度的滞后与监管的缺位,消费者的弱势地位依然未出现明显改观,消费者团体与组织的建设还很不健全。因此,随着消费者权利意识的增强,消费者增权将成为推进下一阶段消费者保护工作的必由之路。

二、增权是消费者保护研究的新视角

消费者保护是一个复杂的政治、经济、社会问题,属于涉及多个学科的公共议题。在触及消费者权益保护这一研究领域时,本书将消费者保护作为一个历史阶段情境下的发展现象纳入研究框架内,通过梳理法学、经济学、营销学、社会学和新闻传播学视野下的研究文献,回顾总结了发达国家与我国消费者保护制度的形成与变迁过程。

"增权"是一个多层次、多应用领域的概念体系,消费者增权可以通过制度供给型增权与信息供给型增权两种路径实现。如何于互联网时代在消费者保护领域以系统的方法具体运用增权理论展开研究是当下面临的一大挑战。互联网技术的演进对消费者信息供给型增权的形态和影响有了与过往迥然不同的新变化。技术发展日新月异,依托互联网而形成的平台工具层出不穷,有关消费者增权的过程与效果的研究零散,需要投入大量时间进行参与式观察。其对制度供给型增权的推动和改变,如何重构消费者权力及其实现途径,以及对相关增权主体产生的影响都将呈现全新的格局,也将拓展互联网背景下我国消费者保护的增权空间。

增权理论是一个发展中的理论,既可以侧重于考察结果,也可以侧重于考察过程。在不同研究中,"增权"适用的层面也有所不同。从历史的角度来看,我国消费者保护运动中的各方力量在当下环境中面临新的困境与挑战。当下,互联网对消费者增权的变革正在进行时,着重于消费者信息供给型增权的实现过程及其影响,继而探讨对制度供给型增权的推动与促进,这既是从消费者保护的国际比照下对我国国情独特实践的总结,也是对消费者增权空间提升途径进行的尝试性探索。通过增权的视角,同时综合运用社会学、传播学以及营销学等多学科增权研究的成果,比较国内外消费者保护发展的历程与差异、增权主体的角色变化以及增权内容和形式上的不同,可以发现互联网增权对我国消费者保护具有重要意义。

第二章 多学科视野下的消费者保护研究

第一节 消费者与消费者权益的概念诠释[①]

一、消费者概念

消费者与生产经营者相对应。前者是指需要购买和使用商品或接受服务来满足生活需要的个人或团体,后者是指为前者提供其生产、销售的商品或服务的机构和个人。

我国2014年新版《消费者权益保护法》指出,"消费者为生活需要购买、使用商品或者接受服务,其权益受本法保护;本法未作规定的,受其他有关法律、法规保护",与1994年版相比未作改动。

美国《布莱克法律词典》对消费者的定义是,"消费者是指购买、使用、保留及处理商品或服务的个体""是产品或服务的最终使用人(user of the final product or service)。不同于生产商(manufacturer)、批发商(wholesaler)、经销商(retailer)""任何商品或服务的购买者,在默认或书面保证的持续期

---

① 为叙述方便,本书对权益和权利不作细致区分。

(duration of implied or written warranty),符合拥有商品或服务者,均该当为消费者"。①

"人人都是消费者",每个人在生活中都离不开消费。根据以上定义,消费者的基本特征包括:主体是购买、使用商品或接受服务的个人,客体包括商品和服务,购买商品或者接受服务时不以营利为目的。

二、消费者权益的基本含义

权利,指法律上的权利,是宪法和法律赋予公民享有的某种权益。从特征上讲,权利是权利主体所享有的利益,利益是权利的主要内容,但这并不等于所有的利益都能表现为权利。消费者权利是指消费者依法享有,在行使该合法权利时带来的应有利益。消费者权益则是指在社会生产力发展的一定阶段,在某种商品经济关系和社会制度下,消费者在消费过程中和完成消费后享有的权利和利益。一般而言,消费者权益具有群益性、综合性、倾向性等特征。

除了前文中美国总统肯尼迪和尼克松提出的消费者五项基本权利外,1971年,尼克松总统在向国会递交的《消费者保护特别咨文》(Special Message to the Congress on Consumer Protection)中,亦提出政府保护消费者的多项计划,包括提议在健康、教育和福利署建立"消费者产品安全计划"(《消费者产品安全法案》,CPSA,1972年国会批准)、提议《消费者欺诈预防法》、提议《公平担保披露法案》、提议《消费产品测试方法》,②从而使消费者保护问题受到更全面的重视,其保护措施也更加周密。1964年约翰逊总统鼓励联邦政府的各个机构参与消费者教育活动,③1976年杰拉尔德·鲁道夫·福

---

① 王利明.消费者的概念及消费者权益保护法的调整范围[J].政治与法律,2002(2):3-12.
② RICHARD N. Special message to the congress on consumer protection[EB/OL].[2017-01-12]. http://www.presidency.ucsb.edu/ws/?pid=3321.
③ LYNDON B J. Special message to the congress on consumer interests[EB/OL].[2017-01-12]. http://www.presidency.ucsb.edu/ws/?pid=26058.

特(Gerald Rudolph Ford)总统又强调了消费者教育的权利(the right to consumer education)[①]。虽然消费者权益/权利在各国的消费者保护法律体系中有着不同的规定,但美国多位总统所提出的消费者基本权利,逐渐为世界各国立法者所接受。

1973年欧洲理事会通过的《消费者保护宪章》(Consumer Protection Charter),分为5大部分,共计28条,旨在制定消费者保护的国际标准与基本原则,并为欧洲消费者提供最基本的保护。这五项权利包括被保护和救济权(the right to protection and assistance)、索赔权(the right to redress for damages)、知情权(the right to information)、教育权(the right to education)、表达和咨询权(the right to representation and consultation)。1999年联合国《保护消费者准则》确立了上述消费者基本权利。

我国的《消费者权益保护法》规定了消费者的9项权利,包括安全权、知情权、选择权、公平交易权、求偿权、结社权、获得知识权、受尊重权和监督权,其中任何一项权利受到侵犯或损害,就可以被认定为消费者权益受损。

权利永远不能超出社会的经济结构以及受其制约的社会文化的范围。[②] 消费者权益是复杂的综合体,而其核心是消费者的权利。因此,消费者权利的特征也就代表了消费者权益的主要特征,主要有以下几方面:以特定的消费者身份和资格为基础、受法律规定保护、是考虑到消费者弱势地位的法定特别权利。

消费者权利还涉及多边利益关系的互动、博弈与均衡,至少有三种社会关系:政府与生产经营者、政府与消费者,以及生产经营者与消费者之间的关系。这些关系的多边利益需要通过设计合理的消费者保护制度才能实现。它们的存在使消费者权益的实现也会受到许多因素制约,包括生产力水平和市场成熟度、商品交易的发达程度、生产经营者的运营风格和道德水

[①] GERALD R F. Memorandum on consumer representation plans[EB/OL]. [2017-01-12]. http://www.presidency.ucsb.edu/ws/?pid=6377.
[②] 马克思.哥达纲领批判[M].中共中央编译局,译.北京:人民出版社,1971:14.

平、消费保护体系的完备度、执法严格度以及消费者个人素质。

第二节 增权理论与消费者权力

一、增权的界定与内涵

20世纪60、70年代,增权(empowerment)①概念出现。通过梳理文献可以发现,增权是一个层次丰富、应用广泛的理论体系。早期的增权理论多从教育学和心理学的角度来谈对个体的影响。其常常与自我实现的参与、影响和控制联系在一起,也与权力、权威、机会、资源等紧密相关,尤其强调对弱势群体的作用。

有学者从个体心理与社会关系两个层面对增权进行界定,将其区分为动机性增权和关系性增权。② 从个体动机看,增权是"赋能"(enabling)或是一种"自我效能"(self-efficiency),它源于个体对自主(self-determination)的内在需求。在这个意义上,增权就是通过提升强烈的个人效能意识,以增强个体达成目标的动机,它是一个让个体感受到能自己控制局面的过程。从社会关系角度来看,福柯(Michel Foucault)认为:"权力建构于关系网络之中,只有通过社会关系理解权力才有意义。"它并不只是"增权赋能"那么简单,而是一个变化的、跨越层次的概念体系,是一个社会互动的过程。帕金斯(Douglas D. Perkins)和齐默曼(Marc A. Zimmerman)将增权分为"过程"和"结果"两个方面。"过程"注重的是如何(how),是增权行动的具体展开;

---

① 又译为"赋权""充权""激发权能"等。笔者倾向于使用增权的译法,"增权"更强调消费者获取权利的主动性。在文献引用中,笔者则会尊重原作者的使用习惯,不做修改。
② CONGER J A, KANUNGO R N. The empowerment process: Integrating theory and practice [J]. Academy of Management Review,1988,13(3):471-482.

"结果"则是评估、测量增权所带来的社会后果,是对增权的检验。在此基础上,他们认为,增权可以从个体、社群和组织三个层次加以考察,这三个层次互相影响,但个体增权(即心理增权)是基本目标。①

综合来看,增权理论有以下几个研究取向:

第一,增权对象是"无权"或"弱权"群体。对个体来说,"无权"是一种主观感受。增权就是通过弱势群体的内在权能激发与外界的制度、技术等辅助手段的引导,使弱势群体能够更广泛地获取更均衡的社会资源,从而推动自身生存环境的改善与社会治理的进步。

第二,增权是一个强势群体与弱势群体进行社会互动,实现权力相对均衡的过程。这一过程能够有效实施,离不开信息的沟通与人际交流,所以它与人类最基本的传播行为有着天然的联系。②

第三,增权具有实践性。它不局限于理论探讨,更多地被应用于社会变革的实践过程。

第四,增权是个体或群体提升权力或权能的过程,涉及主体和受体两方面,前者一般是掌握着权力资源的组织,后者是因各种原因处于弱权或无权地位的个人或群体。③ 范斌提出增权的两种模式和三个层次:两种模式包括个体自身的主动增权和外力推动的增权,三个层次指个体层面的增权、人际关系层面的增权和社会参与层面的增权。④

总体而言,在不同研究中,"增权"适用的层面也有所不同。齐默曼认为增权应该被认为是一种开放的建构性研究,因此提出一种具备普遍适用性的增权研究方法是不现实的。⑤ 对于不同赋权发生的主体、背景环境以及不

---

① 丁未.新媒体与赋权:一种实践性的社会研究[J].国际新闻界,2009(10):76-81.
② ROGERS E,SINGHAL A.Empowerment and communication:Lessons learned from organizing for social change[C]//KALBFLEISCH P. Communication Yearbook 27. Mahwah, NJ and London:Lawrence Erlbaum Associates,2003:67-85.
③ 陈树强.增权:社会工作理论与实践的新视角[J].社会观察,2004(1):45-45.
④ 范斌.弱势群体的增权及其模式选择[J].学术研究,2004(12):73-78.
⑤ PERKINS D D, ZIMMERMAN M A. Empowerment theory, research, and application[J]. American journal of community psychology,1995,23(5):569-79.

同的社会科学领域,可以有针对性地根据不同的测量维度对赋权进行不同学科领域和研究目的的研究。① 增权理论的实践性决定了它在研究方法上常采用个案分析法、参与式观察法、情境分析法等定性方法。

二、消费者增权

国外学术界提出的"消费者增权"理论,是西方社会科学中"增权"这一关键概念在消费者研究领域的扩展。在该理论中,消费者权益保护有了更加新颖的内涵。

相对于专业的生产经营者,消费者对许多产品和服务常表现得不太了解。与生产经营者相比,消费者往往处于相对弱势的地位。此种弱势地位的形成有几种原因:经济实力的不对等、信息占有的不对称、争议诉讼成本外部化转嫁能力的落差、财富转移的负面效应、市场结构的不均衡以及消费者维权的高成本。② 王宁提出,消费者增权理论主要包括信息供给型增权与制度供给型增权。③ 钱玉文则认为消费者权利的确立与变迁是诱致性变迁与强制性变迁的结果。④ 近年来,营销学者也开始从其他社会科学领域引入增权的概念。比雷思(Guilherme D. Pires)等人认为,作为过程的增权,应有一种机制能让个体获得对相关事务的控制能力,包括培养和造就个体在决策中彰显控制能力的机会;作为结果的增权是一种主观感受,消费者可能会感到拥有控制力,并在运用时发现控制力变得更有效。⑤ 尚卡(Avi Shankar)等人认为,消费者增权就是权力从生产者向消费者的转移,消费者

---

① 梁颐,刘华.互联网赋权研究:进程与问题[J].东南传播,2013(4):19-22.
② 刘俊海,徐海燕.论消费者权益保护理念的升华与制度创新——以我国《消费者权益保护法》修改为中心[J].法学杂志,2013,34(5):27-38.
③ 王宁.消费者增权还是消费者去权——中国城市宏观消费模式转型的重新审视[J].中山大学学报(社会科学版),2006,46(6):100-106.
④ 钱玉文.消费者权的确立与演变——制度变迁视角的解读[J].现代法学,2010,32(1):74-85.
⑤ PIRES G D, STANTON J, RIAT P. The internet, consumer empowerment and marketing strategies[J].European journal of marketing,2006,40(9/10):936-949.

增权等同于消费者行使其选择的权利。① 关于消费者如何实现增权,目前存在两类主要观点,即强制性供给模式和可持续模式。② 从增权主体来区分,也可以理解为制度供给型增权与信息供给型增权。

诺斯(Douglass C. North)指出:"如果预期的净收益超过预期的成本,一项制度安排就会被创新。"③不论是在美国消费者运动刺激下肯尼迪总统最早提出消费者的基本权利,并推动立法和消费者保护制度的形成;还是我国政府以制度供给型增权消除生产力制约因素,使消费者从苦行者状态中解放出来,或是行政介入推动消费者协会的成立,均体现出在消费者保护制度变迁过程中,政府主导制度供给型增权带有强制性的特点。制度供给型的消费者增权既可能是政府的有意识行为(如立法保障),也可能是政府某种政策或行动的无意识后果,但在客观上间接地达到了保障消费者权益的效果。

信息供给型增权主要通过信息供给和消费者教育来实现,通过教育使消费者获得发现"内在权能"(inner power)的能力,进而采取行动来改变处境。2004年7月,英国贸易与工业部发布了咨询报告《竞争性市场的拓展:消费者增权与商业成功》,报告探讨了涉及未来消费的有关政策,认为通过信息供给与消费教育实现消费者增权,是提升民族市场竞争力的一部分。④

从各国消费者权益保护发展的历程来看,经过多年的消费者保护实践,各方都认同要通过法律来强制保障信息供给,并通过为消费者提供信息和知识、咨询与技能来服务消费者,为消费者增权。制度供给和信息供给是消费者增权的基本方式。与生产型社会的社会治理不同,我国的经济结构要向消费主导转型,这需要众多相关配套法规与措施的跟进。新阶段社会治

---

① SHANKAR A,CHERRIER H,CANNIFORD R.Consumer empowerment: a foucauldian interpretation[J]. European journal of marketing,2006,4(9/10):1013-1030.
② 李玉虎.消费者增权理论与我国消费者权益保护法的完善[J].财贸研究,2008,19(4):132-136.
③ 韩晶.诺斯的制度变迁理论及其现实意义[J].经济与管理评论,2000(4):3-6.
④ 王宁.消费者增权还是消费者去权:中国城市宏观消费模式转型的重新审视[J].中山大学学报(社会科学版),2006,46(6):100-106.

理创新要适应需求多元化、利益多元化的趋势,把反映各方需求、协调重大利益关系作为重要任务。在此基础上,国家需创新社会治理的体制、方法,为走向消费型社会奠定重要基础。但在消费者组织培育还非常欠缺的背景下,要应对生产经营者的无视与傲慢,消费者不得不更加依赖于政府的庇护。消费者需要政府采取各种措施来为自己增权,尤其是要保障制度供给型的消费者增权。然而,从许多侵害消费者权益的案例中可以看出,虽然政府出台了一系列法规制度,但制度供给尤其是措施落实还是远远滞后于快速革新的商业进化与社会治理要求的。

信息的共享必然带来社会权力的分散和公众社会参与能力的提升。因此无论是托夫勒(Alvin Toffler),还是尼葛洛庞帝(Nicholas Negroponte),都曾把增权视为网络时代的一大特质。基于现阶段我国的国情与社会治理方式,从信息供给的角度出发,考察互联网时代消费者个体在信息供给型增权的创新空间和制度增权提升的可能,推动我国消费者借助技术增权,发挥自身力量参与维护自身权益的过程,将成为本书关注的一个重点,也是消费者增权自下而上推动消保体系完善的一种更为切实的途径,也更具有现实意义。

三、消费者权力

郭国庆等人认为,从营销学的角度,消费者增权是消费者相对于企业权力/权能提升的一个动态过程。其中权力指的是产生某种特定事件的能力或潜力,权能是指消费者行使其权力的能力。[①]

关于社会权力,约翰·弗伦奇(John French)和伯特伦·雷文(Bertram Raven)提出了五种社会权力类型:奖赏权力、强制权力、法定权力、参照权力和专家权力(见表2-1)。

---

① 郭国庆,李光明.消费者增权理论的最新进展及其启示[J].中国流通经济,2010,24(8):58-61.

表 2-1　五种社会权力类型

社会权力类型	概念界定
奖赏权力（reward power）	基于给予积极有利的结果，或去除负面不利结果所带来的力量
强制权力（coercive power）	惩戒违背意愿的行为的能力
法定权力（legitimate power）	通过选举或任命而担当一定职位所得到的行为力量，权力大的一方具有影响下属的法定权力，并且下属有接受这一影响的义务
参照权力（referent power）	由于成为其他人的参照体所拥有的力量，通常是获得尊重
专家权力（expert power）	由于个人较对方拥有更多的信息、专业知识和特殊技能而获得的影响

根据上述权力机制进行匹配，消费者存在四种权力：奖惩权力、法定权力、参照权力和专家权力（见表2-2）。

表 2-2　消费者权力的类型及其表现形式

消费者权力	概念界定	表现形式
奖惩权力（sanction power）	消费者对偏好的企业进行奖励，对违背消费者利益的企业进行惩戒	买/不买、消费者忠诚、传播正面/负面口碑、抗议、联合抵制
法定权力（legitimate power）	企业赋予消费者某些权力使企业在进行营销活动时必须受消费者的影响	对企业营销活动的直接影响
参照权力（referent power）	消费者中的意见领袖由于成为其他人/企业的参照体所拥有的权力	口碑传播、抗议、发起联合抵制或者对企业营销活动的直接影响
专家权力（expert power）	消费者对产品质量、价格、生产商、渠道商、产品的受欢迎程度以及营销知识等的掌握所带来的权力	对企业营销活动的直接或者间接影响

在互联网技术的发展和推动下，丰富的可获取信息使消费者权力/权能大幅增加，给消费者带来益处的同时也带来了权力运用成本。消费者会根据成本和收益来权衡权力的行使。

奖惩权力。 首先，在购买决策过程中，互联网的丰富性与便捷性使交易成本大幅减少。虽然有了更多的选择，但有时反而使决策过程显得更加混乱，替代购买与小众产品购买的可能性大大增加，消费者由于找到更满意的产品而具有较高的价值感收益。因此，在产能过剩的总体环境下，处于买方市场优势的消费者采取不再购买的方式来惩罚那些他们不满意的企业是惯常现象。

其次，在互联网环境下，消费者更容易通过各类平台的评论功能来分享自己成功的消费经历，显示丰富的消费知识、聪明的决策等，消费者中以某项技能或丰富的经验闻名的"草根达人""专业大神"等，在虚拟空间中被赋予意见领袖的地位，使得这类消费者具有较高的心理收益。同时，由于身份的隐匿，消费者在交流过程中，负面口碑传播成为发泄不满的途径，负面口碑传播在互联网传播中所占比例很高。

最后，虽然互联网的兴起降低了消费者抵制和抗议的组织成本，但时间和精力成本依然相对较高，所以消费者较少使用这种权力。

法定权力。在大多数情况下，消费者的法定权力是政府法定的，同时也可以被视为一种战略方式，对消费者的权力控制范围进行限制。从消费者的角度来看，虽然有更多的权力，但在消费的过程中所花费的机会成本也大幅增加。通常消费者运用这种权力是为了获得在其他情况下无法获得的个性化价值，包括声誉和体验等。

参照权力。意见领袖在社会上非常活跃，他们可能属于非正式组织或领导型社团，他们的社会地位使其拥有更强的参照权力。意见领袖不能控制其他消费者的消费行为，但可以在其影响范围内实施某种行为来影响其他消费者的选择。随着互联网的普及，意见领袖的影响可以跨地区和行业，其影响方式可能是网络口碑和态度引导，也可能是抗议和抵制。相比普通消费者，意见领袖能引起广泛的传播，甚至会直接影响到企业的营销策略或引起政府的注意。企业可以使用营销或公关策略来影响意见领袖的权力行使。

专家权力。消费者信息和知识的逐渐丰富意味其专家权力的增加，他们可以进行更理性的选择,也会影响企业的营销策略。与此同时,专家权力运用的成本也在不断上升,这意味着消费者信息的处理和选择更加困难。

增权是在多种层次结构上展开和相互影响的。在互联网技术的推动下,消费者可以随时随地主动搜寻商品信息并指导消费决策,可以随心所欲地与他人互动并表达意见,这不仅重新定义了消费者获得信息的方式以及他们与品牌交互的方式,还将永久地改变消费者与企业之间的互动关系。正如克莱·舍基(Clay Shirky)在《未来是湿的》中所指出的,"如果'消费者'一词指代的是购买商品或服务的孤立无援的人,那么如同社会性工具正在创造出新的受众群体,他们也在创造出新的消费者军团。消费者现在可以对企业和公众大声讲话,并且可以相互协调一起这样做"[①]。数字网络媒介改变的不仅仅是营销传播的媒介环境和工具,更重要的是塑造了消费者群体,使消费者拥有前所未有的权力来与大企业抗衡。从新媒介和社会变迁的角度来看,以互联网为基础的在线商业形态、新型媒介发展壮大的过程正是消费者通过技术不断实现增权的过程。当互联网技术被广大消费者所掌握的时候,互联网作为抽象的技术工具在信息传递与人际交往过程中产生了多种增权的可能。

第三节　消费者保护的相关研究

西方发达国家的市场经济形成较早,消费者保护问题首先在这些国家凸显出来,从而引起学者们的关注。学者们从多个角度对消费者保护的概念、产生原因、发展趋势、发展过程中存在的问题、消费者保护的发展对市场的影响、对生产经营者的市场营销行为(如标签行为、广告行为、价格行为等)的影响、对政府管制的影响等进行了比较广泛的研究。

---

① 舍基.未来是湿的[M].胡泳,沈满琳,译.北京:中国人民大学出版社,2009:25.

国内对消费者保护问题的学术研究，主要集中于法学、经济学和社会学等学科领域内。我国消费者保护问题的研究起步于 20 世纪 80 年代，90 年代得到初步发展。具体来看，学者们主要从法学、经济学、社会学等角度对如何加强我国的消费者保护进行了有意义的探索，随着学科研究的交叉发展，逐渐出现了从营销管理、新闻传播学等角度展开的相关研究。

一、法学视野下的研究

权利问题本身就是法律问题。因此众多民法、经济法方面的研究文献探讨了消费者保护立法的初衷、边界以及适用性等问题。

丁彩霞从消费者运动的产生原因入手，阐述了各国消费者运动的发展及消费者保护法的产生，进而指出消费者运动、消费者立法对近代民事立法的影响。[①]

王利明则从消费者的定义及消法的调整范围对这一法律保护的对象和边界进行了深入阐述。[②]

张严方通过比较分析与现状描述，阐述了消费者保护整体性法学理论的构建以及消费者权利的具体设定方式和救济措施，包括设置消费者保护法基础理论、消费者政策、消费者合同法、消费者安全法四个部分。[③]

二、经济学与营销学视野下的研究

王肃元、任尔昕从制度经济学的角度，分析了导致消费者权益保护效果不尽如人意的原因。他们指出，出现措施越多、效益保护越少的"诺斯悖论"

---

① 丁彩霞.消费者运动与近代民事立法的变革[J].内蒙古大学学报(人文社会科学版),2000(S1):119-123.
② 王利明.关于消费者的概念[J].中国工商管理研究,2003(3):39-39.
③ 张严方.消费者保护法研究[M].北京:法律出版社,2003:92.

是因为制度安排上存在重大缺陷。为了提高保护效率,在利益最大化原则的基础上,须重新配置现有资源,针对重点进行制度供给。提供有效的纠纷解决制度是当前的重点之一。①

郝睿运用经济学的成本收益分析方法对消费者的知假不打现象进行了分析,指出消费者之所以知假不打是因为打假的预期成本远远超过预期收益,而且打假收益具有外部性,现有的制度安排受制度变迁中制度摩擦和空隙因素的影响,出现制度供给不足和滞后现象,这些都促使消费者放弃寻求补偿的权利。②

刘光华认为消费者权益在中国未能从应然走向实然主要受制于以下因素:我国经济和法制发展处于以效率优先而非公平为重为基本特征和主流价值追求的阶段;商事活动及制度不完善,商人与消费者双方权利边界模糊不清;传统道德评判机制的作用及其影响;作为身兼引导消费者、保护消费者权益与维护竞争、制止不正当竞争二职于一身的《反不正当竞争法》《产品质量法》等缺乏与《消费者权益保护法》的通盘考虑和协调一致。③

陈运华认为消费者诉讼成本过高而经营者违法成本过低的现实,将影响消费者的诉讼动机,诱发经营者实施消费者侵害行为,建议由败诉方支付对方当事人合理的诉讼成本,提高惩罚性损害赔偿的倍数,降低诉讼成本,提高诉讼效益。④

郝苏青(Suk-ching Ho)通过对与消费者问题有关的七个诉讼案件作一般特性的描述,指出中国的经济改革促使消费者社会出现,与消费者社会相伴而至的是市场中消费者力量的增长,主要表现为消费者权利意识的增长和起诉维护利益意识的形成。⑤

---

① 王肃元,任尔昕.制度安排与消费者权益的保护[J].科学·经济·社会,1998(2):63-66.
② 郝睿.消费者知假不打的经济学分析[N].经济学消息报,1999-03-08.
③ 刘光华.关于我国消费者权益保护政策的若干思考[J].科学·经济·社会,2000(1):51-54.
④ 陈运华.我国消费者权益保护的经济分析及法律思考[J].江汉论坛,2001(1):91-94.
⑤ HO S. Growing consumer power in China:some lessons for managers[J].Journal of international marketing,2001,9(1):64-83.

陈唐兴(Tsang-Sing Chan)和崔更(Geng Cui)认为,在转轨经济中兴起的消费者保护运动对跨国公司和当地企业来说意义重大。他们以中国内地四个城市为样本,考察了消费者对市场营销的态度,与其他经济体中的前期研究成果进行了比较,结果显示中国内地的消费者与发达国家的消费者相比,对市场营销的批评较少。消费者对市场营销的态度、对企业的信任以及消费者之间的相互影响都对消费者满意度产生了积极效果。①

郭国庆、李光明指出,随着互联网兴起,市场竞争加剧,丰富的信息选择增加了消费者权力,企业在营销过程中不再拥有绝对的控制力。这种权力结构的变化给企业营销带来了巨大的挑战,企业营销生产效率已经出现下降。②

海勒姆·C. 巴克斯戴尔(Hiram C. Barksdale)等运用实证分析法考察了六个市场经济国家的消费者对市场交易惯例、消费者运动和国家管制的态度。③

杰瑞·豪威尔斯(Gerain Howells)分析了政府通过强制生产经营者来披露商品的信息为消费者增权的利弊。他认为,强制性的信息供给有利于推动消费者增权,但对信息供给的作用也提出了质疑,即从解决信息不对称入手来使消费者增权的机制设计存在弊端。④

苏·麦克格雷尔(Sue McGregor)回顾和分析了有关消费教育有助于消费者增权的观点,对通过解决信息不对称的问题来实现消费者增权的可持续性提出了质疑,同时提出了可持续的消费者增权的观点,即增强使消费者

---

① CHAN T,CUI G.Consumer attitudes toward marketing in a transitional economy:a replication and extension[J].Journal of consumer marketing,2004(1):10-26.
② 郭国庆,李光明.消费者增权理论的最新进展及其启示[J].中国流通经济,2010,24(8):58-61.
③ BARKSDALE H C,DARDEN W R. Consumer attitudes toward marketing and consumerism[J]. Journal of marketing,1972,36(4):28.
④ 李玉虎.消费者增权理论与我国消费者权益保护法的完善[J].财贸研究,2008,19(4):132-136.

发现自我权力的能力和机会。①

三、社会学视野下的研究

王宁分析了西方有关消费者增权的文献,认为西方学者所指的消费者增权模式主要是信息供给型模式。他还指出,在是否导致消费者增权的问题上,制度之间有可能产生冲突。不仅需要分析直接的消费者增权,而且要考察间接的消费者增权,这样才能判断国家消费者有关制度带来的是增权还是去权。②

张小平、周少青探讨了社会变迁与消费者权益保护法之间的关系,认为消费者问题的产生源于商品交换中各当事人利益形态的差异。他们从社会变迁的视角切入,探讨了中国《消费者权益保护法》在公法土壤上借用不同利益话语的诞生历程,展示出《消费者权益保护法》发展的中国特色,以及法律发展与社会变迁之间的互动关系。③

李玉虎指出,在消费者增权理论中,信息供给型增权和制度供给型增权是两种主要模式。我国现阶段的消费模式和消费者保护实践表明,制度供给型消费者增权可以更好地保护消费者利益。④

四、新闻传播学视野下的研究

李艳红通过消费领域中医疗事故处理以及电信价格调整两个具体案

---

① MCGREGOR S. Sustainable consumer empowerment through critical consumer education: a typology of consumer education approaches[J]. International journal of consumer studies, 2005, 29(5): 437-447.
② 王宁.消费者增权还是消费者去权:中国城市宏观消费模式转型的重新审视[J].中山大学学报(社会科学版), 2006, 46(6): 100-106.
③ 张小平,周少青. 社会变迁与消费者权益保护法[J].新视野, 2004(5): 61-63.
④ 李玉虎.消费者增权理论与我国消费者权益保护法的完善[J].财贸研究, 2008, 19(4): 132-136.

例,描述了由媒介参与的制度变迁过程。媒介通过讲述"受难故事"和"维权故事",有效建构了关于消费者权益运动的优势话语,由此,传媒的优势话语成为人们解释周围事件的"话语资源",并以此展开行动。作者从传播学的角度回答了消费者权益保护话语的媒介建构,阐释了公共话语建构、话语运动以及制度变迁彼此关联的过程,但并没有对媒介与消费者权益保护运动之间的各种制约力量进行分析。[①]

洪兵从议程设定理论、媒介近用权理论和知情权理论出发,对《南方周末》关于消费者权益维护的内容进行了分析。媒介经营的市场导向使消费者群体日益受到媒介的关注,消费者媒介近用权得到媒介的"肯定和维护",而信息不对称则导致消费者知情权由媒介代为行使。他认为,如果不去细致观察这场运动中各方的角色,而只从传播的角度过于夸大媒介在其中发挥的作用是有失偏颇的。[②]

达赖恩・布拉尼格恩・史密斯(Darlene Brannigan Smith)和保罗・N. 布卢姆(Paul N. Bloom)运用内容分析法,对《纽约时报》和《美国消费者利益委员会新闻简报》所刊载的有关消费者运动方面的文章进行了分析,剖析了美国 14 年时间里消费者运动所处的环境。[③]

五、相关文献研究的贡献与不足

(一)主要贡献

从研究内容上看,国外学者对不同国家的消费者运动差异、各自的特点、发展中国家消保的发展进行了个案分析,并用典型案例来解释处于不同

---

① 李艳红.故事・表演・表达:当代中国的大众传媒与消费者权益运动研究[Z].台湾中华传播学会年会,2001.
② 洪兵.《南方周末》与中国消费者权益维护运动[J].新闻大学,1998(2):40-45.
③ SMITH D B,BLOOM P N.Using content analysis to understand the consumer movement[J]. Journal of consumer affairs,1989,23(2):301-328.

发展阶段国家的消费者运动的发展特性、原因等，为研究我国消费者保护的进程提供了宝贵借鉴。保护消费者的有效途径是依法强制披露与消费者利益相关的产品信息，保障消费者获取相对对称的消费信息。同时，在"消费者教育"领域，即如何提升消费者信息获取能力领域的研究也比较集中。相关研究认为，让消费者得到足够的信息，并充分利用市场竞争机制可以使其更加自信且敢于表达，也能更好地独立处理与消费相关的事务。[①] 其关键在于教育消费者，使消费者掌握更加充分的信息和知识，具有更高层次的技能，从而实现消费者增权。

从研究方法上来看，国外学者对消费者问题的分析，大量使用了实证分析方法。研究者通过问卷调查，了解消费者对消费者运动、政府管制和商业惯例等问题的看法，企业管理者对消费者运动的看法及对消费者问题的解决意愿，了解消费者运动对零售商业的影响等，为更准确地预测消费者运动的发展方向、提高消费者权益保护的绩效提供了可靠的依据。历史分析法也是国外学者在研究消费者运动时经常使用的一种方法，即对消费者运动史和管制理论的发展之间的关系进行探讨。国外学者还采用内容分析法进行研究，主要是对有关消费者运动的报刊进行有针对性的内容剖析，通过新闻媒体观察消费者运动所面临的环境和发展趋势，使人们对消费者运动的理解更加深刻。

国内学者较多地利用规范分析法进行研究，为研究消费者运动产生的原因、社会意义、发展趋势、立法方向等问题提供了较为翔实的资料和较为坚实的基础。在不同学科中，消费者保护理论已经有了不少研究成果，而且在研究体系和研究方法上为研究者提供了许多有益的参考。

(二)存在的不足

纵览消费者保护相关研究，可以发现，对发展中国家消费者问题、消费

---

① 刘振彪.我国消费者增权探析[J].消费经济，2007，23(4)：74-77.

者保护和消费者运动的研究尚有待深入。从目前收集的资料来看,国外对中国的消费者保护的研究不多,且缺乏对中国消费者保护发展史的梳理。国内学者对消费者保护实现路径的研究也存在不足,对市场中的政府保护力量较为重视,而对其他力量的重视不够;对制度供给的重要性探讨较多,而在信息供给、消费者教育等方面则讨论较少。

消费者保护相关研究的方法有待丰富。国内对消费者权益保护的研究多采用规范分析方法,而实证分析方法使用较少,至于案例分析法、历史分析法、参与式观察法等则更为少见。对中国消费者运动的发展现状、发展中存在的问题、消费者运动的社会影响及发展趋势的了解和分析不够系统,对消费者保护的进一步改善难以提出有价值的指导建议。

第三章　国内外消费者增权的发展历程与经验比较

消费者增权模式与经济发展水平和社会发展阶段有关,不同的国情、民情也对消费者增权的路径选择有重要的影响。梳理发达国家消费者权益保护的形成和发展过程,总结经验,可以了解消费者如何在个人、社会和组织层面上实现增权。与之对比,我国消费者权益保护现状能够给消费者增权研究带来更多的启发。

在工业革命以前,全球范围内的经济形态都以传统的农业经济为主,有限的商品生产和交换局限在本地及周边区域。商品交易过程简单,消费者利益损害的现象并不多见。工业革命开始后,机器生产取代了传统手工业,生产力得到巨大提升,工业技术发展日新月异,商品交易中生产者与销售者逐步分离,交易过程复杂化,出现了以下现象:

第一,产品的供给能力迅速增强。产品品类、附加功能越来越多,技术含量越来越高,产品的构造工艺难度也有所增加。消费者不能通过直接接触来了解商品性能,而是凭借产品外观和购买经验进行购买,在信息获取上处于劣势。

第二,规模企业凭借技术、资金优势获取市场垄断地位,销售手段开始多样,销售组织开始形成多层级体系。企业使用威逼利诱的手段将不公平的交易条件强加给消费者,使其被动完成交易,双方的矛盾日趋尖锐。

第三，消费纠纷导致的投诉需要得到回应和处理，催生了消费者保护思想。

第四，贸易全球化使消费者侵害成为全球性问题，消费者理念和消费者保护运动开始在世界范围内形成。

消费者保护思想萌芽于近代。1756年，英国曼斯菲德法官最早提出了消费者保护的理念。他针对当时法律所奉行的"买者当心，概不退换"主义，提出了"买者完付现金应有权获得满意商品"的意见。此后，各国广泛接受了买卖双方交易对等的理念，并据此制定了各种消费者保护法律。在19世纪后半期，英国在制定《货物买卖法》时打破传统，树立了新规。该法规定要给购买到劣质和不符合使用功能的商品的消费者相应的赔偿，并严惩这种商业欺骗行为。1844年以毛纺织业闻名的英格兰北部城市罗奇代尔首创消费者合作社（时称消费协作组织），这成为全球消费者保护运动的起源。①

19世纪末20世纪初，消费者运动的萌芽和壮大是现代消费者保护体系形成与完善的重要推手。西方主要发达国家此时陆续跨入垄断资本主义阶段。处于垄断地位的经营者只考虑自身利益的最大化，严格把控消费品的生产与销售，导致买卖双方在交易能力上的差距开始拉大。假冒伪劣、制假售假、出售变质乃至有毒商品的现象司空见惯，侵害消费者权益甚至消费者食品中毒等情况时有出现。与此同时，消费者被侵害却无处投诉，不能得到合理及时的救济，法规制度的局限性暴露无遗。资本家谋求利益最大化的本性以及生产关系与生产力之间固有的矛盾使经济出现产能过剩的现象，买方市场下的消费需求逐步由量转化为质，因而消费者开始对消费品的质量、安全性以及消费交易的公平合理性提出了更高的要求。

当消费者权益被侵害现象普遍存在时，寄希望于生产经营者恪守商业道德是不现实的，通过制度供给来解决此类问题成为必然选择。在发达国家和地区，完备的法律体系是消费者保护思想得以真正落实的现实基础。

---

① 章礼清."3·15"的来历[J].青年科学，2004(3)：47.

西方发达资本主义国家和地区开始陆续制定切合国情和能满足经济社会发展需要的消费者保护相关法律。20世纪初,消费者和生产经营者的矛盾日益尖锐,一直奉行自由市场经济体制的美国不仅通过立法保障消费者的权利,甚至让政府以直接介入的方式进行干预,以示对这一问题的高度重视。①

国际消费者运动的发展史即消费者权利受到法律认可、消费者权利意识觉醒的过程,也是推动生产经营者和政府等增权主体改革、增权的形式和内容逐步丰富、消费者逐步增权的过程。

第一节 国外消费者保护的发展历程

一、消费者组织兴起与公众读物的启蒙

(一)消费者自发创建消费者组织

1891年,纽约消费者协会成立,这是世界上首个明确以保护消费者利益为宗旨的消费者组织。8年后,全国消费者同盟(National Consumers League)联合美国各地方的消费者组织,宣告世界上首个全国性消费者组织成立。20世纪30年代初,大萧条使经济濒临崩溃,消费者必需的生活物资供应匮乏,市场上充斥着劣质商品,消费者希望商品在安全卫生方面能满足基本要求。经济低迷导致市场秩序混乱,对消费者造成了侵害,在民权解放运动平权观念的带动引领下,消费者运动开始在美国兴起。这一时期的消费者组织活动以指导和教育消费者自我保护为主要内容,收集信息并制作宣传材料。1928年,世界上第一个民间消费者教育机构——消费者研究所

---

① 李闻哲.消费者保护法律制度比较研究[D].重庆:西南政法大学,2007.

(Consumers Research Institute)在美成立,并出版了刊物《消费者研究公告》(*Consumers Research Bulletin*)。1936年,全美消费者联合会(Consumers Union,CU)脱胎于消费者研究所,成为又一家具有较大影响力的全国性消费者组织。该组织响应大萧条时期消费者对物美价廉产品的迫切需求,首次提出了国家应该适度干预消费品的生产和销售,以保证消费者的安全健康,还对涉及民生需求的产品进行公正检验并公布相关信息和结果。该机构的主张得到了广大消费者的支持,影响力日益增长。① 1961年,该机构又发行杂志《消费者报告》(*Consumer Reports*)②,利用出版物向消费者介绍商品采购知识,公布商品检测检验的结果,以此提高消费者的商品辨别能力。如今,全美消费者联合会已发展成为世界上最大的为消费者服务的商品检验机构。

自发形成的消费者组织是消费者表达自身权利诉求的一种态度和行动。它的出现使消费者能够团结起来捍卫自身权利。消费者组织从倡导自我保护和消费者教育入手,善于利用自有媒介向大众宣传消费知识,提供商品检测服务,对消费者自我保护能力的提高发挥了巨大作用。

消费者的呼吁也促进了生产经营者对消费者权益的重视,一些搭建沟通桥梁的非营利性组织也开始出现。在美国,此类机构中最著名的是商业改进局(Better Business Bureau,BBB),其宗旨是维护消费者权益及企业利益,希望建立一个道德的商业环境,使卖家和买家能够互相信任。③ 与此相对应,政府也开始重视消费权益保护。1914年,美国设立了第一个官方的消

---

① 美国消费者运动先驱拉尔夫·纳德曾就职于该组织的管理层,后因与组织理念不同而于1975年离开。纳德希望该组织聚焦于政策和产品宣传而不是产品检测。
② Consumers union [EB/OL].(2007-07-25)[2022-04-25]. https://en.wikipedia.org/wiki/Consumers_Union. 2009年,CU以60万美金购得"用户至上"(Consumerist)专业博客,2012年《消费者报告》杂志独立成商业出版物,并拥有网站。CU则专注于政策游说与宣传,2015年其花在政治游说上的费用为20万美金。
③ BBB成立于1912年,成为构建互信的商业环境的引领者,其口号为"始于信任"(Start with Trust)。BBB既可向顾客提供有关公司和有关产品的信息,也可受理消费者的投诉。其运行靠收取诚信企业申请和管理费维持,在美国和加拿大各地设分支机构100余家,免费向消费者提供信息。

保机构联邦贸易委员会(Federal Trade Commission,FTC),其主要任务是制止不正当竞争行为和保护消费者利益。

(二)纪实作品揭露消费者侵害现实

1905年,在美国新闻界"扒粪运动"的背景下,揭露消费者受侵害现实的著名纪实文学作品相继出版,让美国社会各界意识到了消费者侵害问题的严重性,促使政府出台严格法律进行整治。美国作家厄普顿·辛克莱(Upton Sinclair)在旨在揭露劳工阶级受压迫惨状的《屠场》(The Jungle)[①]一书中,以现实主义手法描写了当时芝加哥某肉类食品加工厂生产时的肮脏情景。美国总统西奥多·罗斯福(Theodore Roosevelt)阅读此书后,亲自与作者会谈并派人调查。《屠场》改写了美国食品安全史,最终促使罗斯福总统推动制定《纯净食品和药品法》和《肉制品安检法》,成立美国食品药品监督管理局,负责全美的食品安全监管工作。[②] 1927年,《你的钱值几何——一项消费者金钱浪费的研究》(Your Money's Worth: A Study in The Waste of The Consumer's Dollar)[③]一书的出版及畅销也对消费者运动具有莫大的贡献。该书运用实证方法考察美国商品交易内幕,揭示了在攻击性广告(attack Ad)和高压销售方式(high pressure selling)下消费者的财富如何被浪费,警告消费者不要被企业掏空钱财。受该书的启示,《一亿个被实验者》(100,000,000 Guinea Pig,1933年)和《美国恐怖会》(American Chamber of Horror,1936)相继出版,揭露了消费者被当作新品实验对象,以及危险化妆品及秘密行医的真相。[④]

[①] 笔者认为按英文原意翻译成"丛林"更合适,意为如丛林社会般弱肉强食,但中译本通常译为《屠场》。
[②] 钱霄峰.三本书改写美国食品安全史[N/OL].南方周末,2007-07-25[2017-01-12].http://www.infzm.com/author/%E9%92%B1%E9%9C%84%E5%B3%B0.
[③] 该书作者斯多特·察斯(Stuart Chase)和 F.J.希林克(F.J.Schlink)在作品大获成功后,发起成立了"消费者研究所"。
[④] 张严方.消费者保护法研究[M].北京:法律出版社,2003:38.

(三)国际消费者保护运动蓬勃发展

除美国外,消费者组织也在其他国家逐步建立,消费者保护活动开始蓬勃发展。1957 年,米歇尔·杨(Michael Young)等人发起成立了英国最大的消费者组织——消费者协会(Consumers' Association),出版的刊物《哪个?》(Which?)以产品比较检验为中心,具有广泛影响。[①] 另外,英国标准学会(British Standards Institution)的女性咨询委员会(Women's Advisory Committee)在 1951 年成立,为影响家庭用户的相关事务标准提出建议。该委员会是消费者和公共利益战略委员会(Consumer & Public Interest Strategic Advisory Committee,CPI-SAC)[②]的前身,其协调所有 BSI 的消费品技术委员会的消费者代表。在消费者运动的影响下,英国负责调查消费者保护问题的消费者保护委员会(Council on Consumer Protection,CCP)在 1959 年成立,归商务部管理。1962 年,该委员会提出包含消费者保护领域若干法律改革提案的报告书,对英国消费者政策产生了深远影响。1974 年,英国设立了物价及消费者保护部(Department of Prices and Consumer Protection)[③],专门负责制定有关消费者问题的政策和法律。[④] 此外,在德国,1953 年德国消费同盟的成立是德国战后消费者运动兴起的标志。

在亚洲,日本消费者组织建立和消费者运动开始得比较早。成立于

[①] About Which? [EB/OL]. [2021-06-15]. http://www.which.co.uk/about-which. 截止到 2021 年 6 月,其订阅户有 60 余万,拥有金钱(Money)、电子消费(Computing)、旅游(Travel)、园艺(Gardening)四个子刊以及客户端。

[②] CPI-SAC 由来自英国最重要的消费者和公众利益组织的高级代表——交易标准协会(TSI)、《哪个?》(Which?)、英国社会事故预防组织(RoSPA)、公平交易局(OFT)、国家消费者联合会(NCF)、公民咨询(CAB)、法规服务的地方当局协调员(LACORS)、《消费者焦点》(Consumer Focus)、英国政府商业创新和技能部门(BIS)、英国老人慈善机构 Age UK、全国父母联合会(NF-WI)、残疾专家参照群体(DERG)——组成,CPI-SAC 直接报告给政策委员会、标准政策和战略委员会。现任主席为 Lynn Faulds Wood,9 年来她一直主持大受欢迎的 BBC 消费者权益电视节目 Watchdog(1980 年延续至今),推动制定了许多新法律(关于双层床、炊具)、新标准(关于烤面包机、食品加工机、熨斗、避孕套),并完成了价值数百万英镑的产品(汽车、炊具、儿童车)召回工作。

[③] 1979 年该部门取消,其职能归并到贸易部。

[④] 梁慧星.消费者运动与消费者权利[J].法律科学,1991(5):37-42.

1921年的"滩购买联盟"和"神户购买联盟"是日本最早的消费者组织,也是现今日本最大的生活协会"COOP 神户"①的前身。② 1947年9月,日本消费者运动主体之一的"日本主妇协会"召开"劣质火柴消除大会",这是日本消费者运动的发端。全国消费者团体联合会③在第一次消费者大会上发表了《消费者宣言》,首次提出"消费者众权"的口号,④标志着日本消费者运动新时代的来临。20世纪60年代中期,一些侵害消费者的恶性事件⑤随着日本经济的高速发展频频发生,引发了消费者运动的高潮,消费者团体发起了一系列抵制与驱逐运动。消费者运动的此起彼伏也促使日本政府开始关注消费者话题,1959年日本政府在《国民生活白皮书》中提出"消费革命"口号,两年之后日本生产性本部设立消费者教育委员会,开展消费者教育运动。在此期间,美、英、德、法等发达国家相继制定一批与药品、食品、公共卫生等领域相关的法律,发布了公共产品、危险工业品的生产质量标准,并在部分产品上实行强制准入标准认证制度。同时,这些国家还规定了一些特殊商品的交易方式,推动了企业生产、管理和销售的规范性。

在20世纪60年代末期,全球性的消费者合作组织陆续成立。1960年,美、英、荷、澳、比五国消费者组织在海牙发起成立"国际消费者联盟"(International Organization of Consumers Union, IOCU)⑥;1962年,欧洲消费者同盟(Bureau Européen des Unions de Consommateurs/European Consumers' Organisation,BEUC)⑦在比利时布鲁塞尔宣告成立,BEUC 还是第一个

---

① 属于消费者商品购买、消费者互助教育机构。
② 高村勋.消费合作社经营论[M].北京:中国农业出版社,2002.
③ 成立于1956年。1958年,该会发展为消费者教育室,在1961年独立并更名为财团法人日本消费者协会,获得国际消费者协会的承认。
④ 铃木深雪.消费生活论:消费者政策(修订版)[M].张倩,高重迎,译.北京:中国社会科学出版社,2004:7-9.
⑤ 1955年日本森永婴儿奶含砒霜,使1 200名日本婴儿中毒、130人死亡;1962年大日本制药厂的酞胺哌啶酮安眠药致1 000名胎儿畸形;1968年九州大牟田的食用米糠油因有毒物多氯联苯液体,致14 000人中毒、53人死亡。
⑥ 后改为"国际消费者联合会"(Consumers International,CI)。
⑦ 由比利时、卢森堡、法国、荷兰、意大利和德国的消费者组织发起成立,目前是一个伞形消费者集团,引导来自31个欧洲国家的42个消费者组织。

在比利时建立基地以影响决策过程的游说机构①。1973年,欧共体委员会设立消费者顾问委员会。②

消费者的权利自觉与组织联合是该阶段消费者保护进一步发展的主要推动力。面对强势的生产经营者的侵害,通过媒介的启蒙,弱势的消费者开始联合起来,各类型的消费者组织开始萌芽并初具雏形。通过消费者刊物、纪实文学作品等公开读物的启蒙,消费者开始联合起来以抵制生产经营者的侵害,并以组织化的形式展开以自我保护为主要内容的消费者教育运动。消费者的抗争也推动了生产经营者和政府对消费者利益的认识,监管机构与利益协调组织开始出现。

二、消费者权利的确立与自我保护意识的唤醒

20世纪60年代后,西方发达国家的经济开始快速发展,在社会阶层分化中出现了新兴的中产阶层。他们代表着拥有高收入、体面职业和受过良好教育的消费者群体的形成,这一阶层对社会生活的各方面发挥日益重要的作用。消费者保护运动在本阶段有以下几个特征:

(一)消费者运动参与群体构成广泛

消费者研究组织在知名大学与民营企业中陆续建立起来,③消费者教育

---

① The European Consumer Organisation [EB/OL]. [2017-01-12]. https://en.wikipedia.org/wiki/The_European_Consumer_Organisation.
② 该委员会由 BEUC 及另外三个欧洲消费者组织(欧洲工会、欧洲家庭组织问题及欧洲消费合作社联盟)的代表和消费者保护方面的专家组成,其任务是在欧共体委员会内作为消费者利益的代表,为有关消费者保护、教育政策的制定和执行提供建议。
③ 如设于密苏里—哥伦比亚大学的美国消费者利益委员会 American Council on Consumer Interests(ACCI)。ACCI 成立于1953年,总部设在密苏里大学,主要工作是提供消费者报道、信息及情报,维护消费者在美国的经济权益,着重研究有关消费者利益的法律、政策,出版自己的期刊《消费者业务杂志》,并受理消费者的投诉。该委员会因属民间机构,在解决消费纠纷时,往往采取向新闻媒体曝光、代表消费者向法院起诉等手段。此外,他们还监督法院审判程序,向法官提交备忘录以说明消费问题的重要性。

工作吸引许多专业人士志愿投入,这些人成为消费者运动的核心力量。各大城市相继成立公共利益研究团体(Public Interest Research Group,PIRG)以及各种与特定行业消费相关的专门小组,到20世纪70年代末期,美国半数州府的过百所院校都成立了学生消费者组织。蓬勃的消费者运动促使美国政府于20世纪60年代颁布了20余部与消费者保护相关的法律,[①]并在联邦政府中设立超过30个与消费者保护工作相关的机构。联邦贸易委员会下设消费者保护局(Bureau of Consumer Protection,BCP),负责受理申诉、进行消费教育和案件调查等。各地还设有小额争议诉讼法庭,受理消费者申诉,及时解决争议。消费者运动团体成为美国社会生活中的一大势力,并辐射到其他国家。

(二)消费者基本权利的确立

从20世纪初到20世纪60年代,一批明确交易规则的法规出台了,但消费者的地位仍然面临日益恶化的危险。消费者受侵害程度的加深以及消费者意识的觉醒共同作用,使美国爆发了波及全球的、具有里程碑式意义的消费者运动。在此前后,各国政府都开始重视消费者权益。1962年肯尼迪总统在《关于保护消费者利益的总统特别国情咨文》中,率先提出消费者的四项基本权利,并于1962年7月在联邦政府内设置了"消费者咨询委员会"(Consumer Advisory Council)。约翰逊继任美国总统后,扩大了直辖于总统的"消费者利益委员会"(President's Committee on Consumer Interests)的权力范畴,该委员会负责指导民间的消费者团体,并督促消费者权利的实现。同时,美国联邦政府和州政府都设立了消费者保护机构,总统府及各州政府均设有主管消费者事务的官员(总统设立消费者事务特别助理,Special

---

① 1965年,美国国会受到消费者运动的强大压力,举行了关于轮胎和汽车质量安全的听证会,于1966年通过了《国家交通和汽车安全法》,对美国汽车工业一味追求利润、不顾质量安全的做法起到了有力的制约作用。除此之外,《电冰箱安全法》《天然气、管道煤气安全法》等法律相继出台。这一时期立法上的一项重要突破是1966年《香烟标识法》的制定,该法要求厂商标明"吸烟有害健康",给攫取高额利润的烟草商以沉重打击。

Assistant for Consumer Affairs),他们负责处理消费者方面的事务与案件。这些行动和努力显示了美国对保护消费者权益的关注和决心。尼克松总统提出消费者具有的第五项权利——索赔权,使消费者诉讼获胜后不仅可以获得伤害性赔偿,也可以获得惩罚性赔偿。巨额的罚款常常能震慑企业,也可以供消费者支付较高的律师报酬。消费者基本权利的提出使消费者运动进入了新的阶段。

在消费者的呼声逐渐被重视的同时,法律和相关制度在消费者利益受损索赔上也突破了原有模式。1944年消费者诉美国可口可乐公司案首次确定了消费者"免除举证责任",而推定被诉方承担疏忽责任;1963年消费者诉尤巴电力公司一案,进一步明确了在生产者的"严格责任原则"之后,产品责任原则与保险制度挂钩,从而使消费者受侵害时可以迅速获得充足的补偿。

消费者运动的高涨也促使日本政府于1963年6月15日进行了"关于保护消费者的咨询答复",并使政府从主要为企业服务转变到主要为消费者服务上来。日本以国家介入市场管理为特色,对消费者实行绝对倾斜的保护,1970年设立的消费者保护行政机构——国民生活中心[①]作为地方消费维权机构遍布各地。在日本,与消费领域相关的行政管理法规数量众多,涉及面广泛,超过了其他发达国家。

三、消费者保护的体系化与全球化

(一)各国消费者保护体系的建立

作为世界上最早提出消费者权利概念的国家,美国如今已形成了一个包括法律制度、组织机构和监督机制在内的消费者保护体系。

一是完整多元的消费者保护组织系统。在美国,从事消费者保护的不

[①] 其职能包括:提供有关改善国民生活的情报信息,举办各种消费生活展示和消费问题讲座,进行产品比较试验,出版刊物,受理申诉,等等。

仅有联邦、州和地方各级政府,还有遍布全国各区域、各行业的消费者组织,以及数量众多的与消费事务相关的专业团体。美国联邦政府的"消费者事务办公室"是最高办事机构,由一名总统特别事务助理负责。相关机构权责明确,并有协调配合机制,对涉及消费者生命健康的食品、药品等公共产品有着严苛的标准。

二是法制保障与严明执法。美国消费者保护立法体系由众多单项的成文法和判例法构成,没有专门的消费者保护基本法。政府为确保立法后相关法律能真正发挥作用,每年都会重新检视已颁布法案的执行情况。[①] 这些法律法规的颁布和严明的执法是消费者权利得以实现的最大保障。

三是维权投诉畅通简便。消费者可以通过信件、电话、上门等传统方式或互联网方式直接投诉或寻求各类消费者组织的帮助。同时,政府和相关维权团体注重为消费者提供便利的司法服务,如小额投诉法庭、集体诉讼等。此外,美国的生产经营者也开始注意在内部设立与消费者事务相关的受理体系。此外,一般企业都设有专门为消费者服务的"窗口",以免消费者投诉到有关机构或组织而引起更大的麻烦。这种反馈系统可以使消费者的意见更好地传达给相关人士,不仅能尽快解决消费者的问题,还可以通过收集消费者的投诉资料及时改进产品和服务,以减少生产、流通领域的各种问题。

四是消费者教育的形式多样。各类消费者团体积极出版、发行相关刊物并举办相关社团教育活动,不遗余力地向消费者宣传消费品选购知识、消费者法律保障体系,并通过捐赠、会员费等形式发起专题调查,捍卫公共利益。

在欧洲,欧洲消费者中心网络(The Network of European Consumer Centres)建立"无忧欧洲",这是欧盟保护消费者的众多举措中的一部分。消费者更熟悉的是欧盟针对进口商品的各种安全通报。欧盟早在20世纪70

---

① 相关法律按其内容可分为防止造成消费者危害的法律,促进公正竞争、自由交易的法律,促进计量、规格、标识规范化的法律,促使交易规范化的法律,等等。

年代后期就开始建立快速警报系统,以保护消费者的安全健康。2002年,欧盟对这一系统做了大幅调整,分别建立了欧盟食品和饲料快速预警系统(RASFF)和欧盟非食用消费品快速预警系统(RAPEX)。这些指令第一次明确了生产商和经营商在法律上有义务向政府报告其产品是否安全,并应承担追踪产品走向或从市场召回产品等责任。

2004年,日本将《消费者保护基本法》改为《消费者基本法》,从"保护"消费者的立场向"帮助其自立"的立法方针转变,着重强调增强消费者的自我保护意识,从保护弱者的立场转变为"照顾到消费者的年龄和特性"。此外,日本政府通过设立"全国消费者保护协会"来保护消费者,并设立经济企画厅国民生活局和国民生活审议会贯彻落实协会政策,经济企画厅下设"国民生活中心",为消费者提供消费指导。

(二)经济一体化推动消费者保护的全球化

20世纪七八十年代以来,随着全球经济一体化与跨国公司经营的无国界化,国际消费者运动出现了全球化趋势。这一方面表现为国际组织制定了一批与消费者权利保护相关的国际公约,另一方面表现为各国事关消费者保护的立法原则、内容日益趋同。联合国组织也开始重视消费者团体的力量,国际消费者联盟组织的代表被吸收为联合国经济和社会理事会(简称"经社理事会",Economic and Social Council)、工业发展组织(United Nations Industrial Development Organization)、粮食和农业组织(Food and Agriculture Organization of the United Nations)以及贸易和发展会议(United Nations Conference on Trade and Development)等机构中的顾问和联络员,代表消费者发声。

国际消费者保护公约包括1973年欧洲理事会通过的《消费者保护宪章》、1980年联合国出台的《控制限定性商业行为的多边协议准则》等,其中《消费者保护宪章》首次在国际范围内对消费者的结社权做出明确规定。1985年4月9日,联合国大会第39/248号决议核准《保护消费者准则》

(Standard of Consumer Protection of the United Nations)①，敦促各国采取切实措施，维护消费者的利益。② 该准则对于促进各国加强本国消费者保护立法、完善消费者保护体系，发挥了积极的指导和督促作用。

除此之外，在国际消费者联盟的呼吁下，从1983年始，每年的3月15日被定为"国际消费者权益日"(International Day for Protecting Consumers' Rights)。到1994年，国际消费者联盟的会员已发展到90个国家的300多个组织。消费者保护已形成席卷全球、势不可挡的历史潮流。

重视环境保护正成为消费者保护的亮点和潮流。消费者保护运动的目的，在于确保消费者正当权益的实现。要实现人与自然、经济与社会的可持续发展，既要满足当代消费者的需要，又不能不顾及对后代消费者的影响，这一观念影响着人类生产与消费的协调一致性，也深刻影响着消费者保护的全球化进程。

战后世界各国相继兴起的消费者运动，是生产经营者与消费者利益冲突尖锐化的表现。消费者运动的汹涌态势引起了作为增权主体之一的政府对消费者问题的重视。此前，各国政府更多地关注经济增长，关注企业如何得到发展，采取的是"企业优先"的政策，消费者问题没有得到重视。认可并尊重消费者基本权利，制定消费者保护政策，完善消费者保护体系的实施等增权形式与内容，正是为了缓和生产经营者与消费者的利益冲突，保证社会经济的持续良性发展。从国际消费者保护的发展历程来看，以消费者教育为主的信息供给型增权是推动消费者保护运动开展的前提。随着消费者权利意识的增强，政府开始重视法律制定、组织建设等制度供给型增权，对消

---

① 《保护消费者准则》是在国际消费者联盟的倡导下制定的，分四个部分，共计46条，是目前影响力最大的全球性消费者保护立法。该准则考虑到所有国家、特别是发展中国家消费者的利益和需要，确定了下列目标：(1)协助各国为本国消费者争取或保持适当的保护；(2)使生产和分配形式适应消费者的需要和愿望；(3)鼓励为消费者生产与销售商品和劳务的各方遵守道德行为标准；(4)协助各国限制所有企业在国家一级和国际上采用对消费者有不利影响的商业陋习；(5)鼓励发展独立的消费者团体；(6)推进关于保护消费者的国际合作；(7)鼓励发展市场条件，以较低价格向消费者提供更好的选择。
② 联合国保护消费者准则[EB/OL].[2017-01-12].http://baike.fabang.com/doc-view-8812.html.

费者的保护给予了更多关注与倾斜。随着时代的变化,在市场逐步完善后,消费者教育的信息供给型增权有了更多的形式与内容,也使消费者保护渗透到社会的各个层面。

第二节　国内消费者保护体系的建立

中华人民共和国成立以后,市场资源的配置方式以计划机制为主,限制了商品经济的发展。行政命令、计划分配在社会生活中替代了公平对等的市场交易。传统计划经济体制下,只有生产者、劳动者的贡献受到重视,消费者则被忽略。

20世纪70年代末期开始的经济体制改革促进了生产力的解放,居民可支配收入的提高增加了物质产品消费。在生产供应方面,经营自主权的扩大、承包制的广泛推行,让企业的生产积极性大幅提高。产品品质的改进和品类、品种开发速度的加快,使产品的技术含量和工艺复杂性大大提高;在产品流通方面,销售渠道的逐步拓宽使产品的出售方式和购买的便利性大大增加;在宣传推广方面,大众媒介覆盖面的迅速扩大和各种促销形式的综合运用使各种商品信息铺天盖地。消费者的商品购买知识与识别判断能力跟不上市场变化,使消费者陷入不知如何选择商品的尴尬处境。我国卖方市场地位的长期存在以及市场监管机制的僵化,导致全社会普遍对消费者缺乏关注,缺少消费者保护机制。在消费者侵害事件发生时,处理方式与结果也不尽如人意。受结构性增长因素的影响,生产者和消费者的冲突开始显现,消费者受侵害的问题日趋突出。在市场发育不完善的状况下,政府机构对市场消费监管不到位是生产者与消费者紧张态势出现的重要因素,结果导致消费者在商品购买上更加谨慎克制,消费者的消费需求受到了抑制。市场发展的形势迫切要求政府采取措施,调整买卖双方在市场中不公平的交易地位,以确保消费者的权利,建设公平的交易环境。

消费者协会的成立和以消费者保护为目标的消费者保护法律的颁布施行，是我国消费者保护体系开始初步形成的重要标志。大众媒介对消费者权益的普及让我国消费者的消费权利意识开始萌芽。

从增权的角度来考察，我国消费者保护制度的初步建立，基本是以政府主导的制度供给型增权为主，从组织建立、媒介动员到法律的颁布与修订，基本都是在政府的政策推进和舆论导向下得以开展的，1994 年《消费者权益保护法》的出台是消费者保护体系初步建立的标志。随着经济社会的迅速发展，中国加入世贸组织后加快融入全球经济体系，加上互联网技术迭代更新，使我国消费者保护的进程进入到一个全新的阶段。同时，消费者信息供给型增权的空间进一步扩大，推动了消费者制度供给型增权的改进。

一、消费者组织机构体系的建设

(一)消费者协会的成立

我国的消费者保护事业起步较晚，但一开始就是政府直接介入消费者保护的组织建设与法制建设的形态，并融入国际消费者运动的大潮中。

1981 年 6 月，联合国亚太经社理事会在泰国召开了"消费者保护问题协商会"，并邀请中国消费者组织派代表参加。然而，当时刚刚实行改革开放的中国还没有消费者组织，当时就职于国家进出口商品检验局的朱震元处长等人以中国商检总公司代表的名义被指派参会。对于中国代表的参会，与会的国际人士表示：占世界人口四分之一的中国人，是一支最庞大的消费者队伍，国际消费者运动和组织没有他们参加，是不完善的和没有代表性的。我国代表通过会议了解到，如果实行市场经济，消费者保护的问题将不可避免；在各国开展消费者合法权益保护的活动中，不仅政府机构积极介入，民间组织也相当活跃。回国后，参会代表向组织汇报了具体情况。1981年9月3日,时任国家进出口管理委员会主任的江泽民向具体分管工作的谷牧副总理递交报告,建议成立中国消费者协会。国务院六位副总理都圈阅了这个报告。① 1982年至1984年,时任国家工商总局局长的任中林联合国家标准局、国家商检局持续递交成立消费者组织的报告,但当时的国家经济委员会没有批复。经过任中林的多次解释,直到1985年1月,"中国消费者协会"才得到批复,正式成立。② 1987年9月,中国消费者协会作为中国消费者组织代表正式加入国际消费者联盟组织。中国消费者协会成立之后以组织身份参与维护消费者权益的运动,使消费者保护有了组织依托与协调部门。

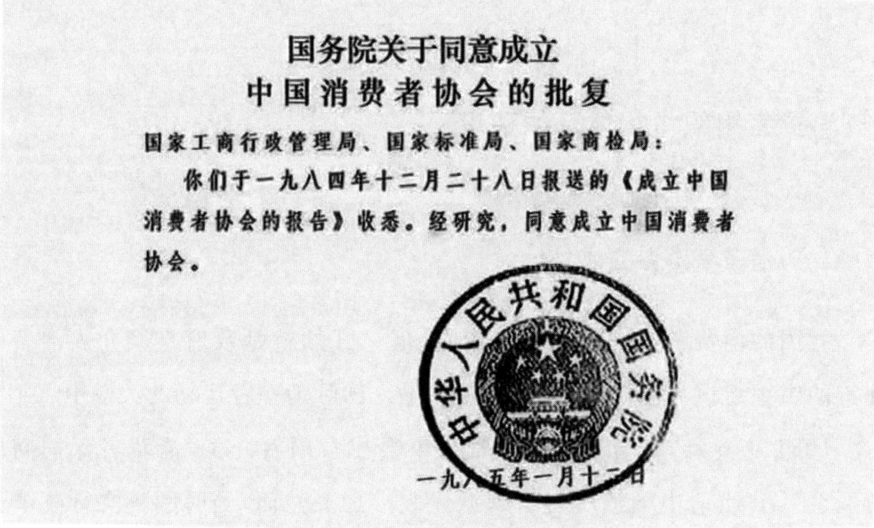

国务院关于同意成立中国消费者协会的批复

国家工商行政管理局、国家标准局、国家商检局:

你们于一九八四年十二月二十八日报送的《成立中国消费者协会的报告》收悉。经研究,同意成立中国消费者协会。

一九八五年一月十二日

图 3-1　中国消费者协会成立的文件批复

---

① 宋雪莲.中消协:从"化缘"到"吃皇粮"[EB/OL].(2007-05-15)[2021-06-15].http://news.cctv.com/financial/20070515/100345.shtml.六位副总理分别是谷牧、薄一波、方毅、余秋里、陈慕华、姬鹏飞。有人指出,当时六位总理批准的是"中国保护消费者利益委员会"的名称,即非社会团体的概念。中消协秘书长表示获得财政资助不会降低公信力。
② 回眸315:重走30年维权之路[EB/OL].(2015-03-10)[2021-06-15].http://finance.qq.com/a/20150310/069218.htm.

在基层工作实践中,随着生产秩序和市集交易的恢复,1983 年 5 月我国第一个消费者协会——新乐县消费者协会成立。[①] 根据当时的《新乐县消费者协会工作开展暂行规定》,消费者协会是在工商机关指导下,邀请具有一定法律知识、商品素质的热心消费者参加的消费维权组织。[②]

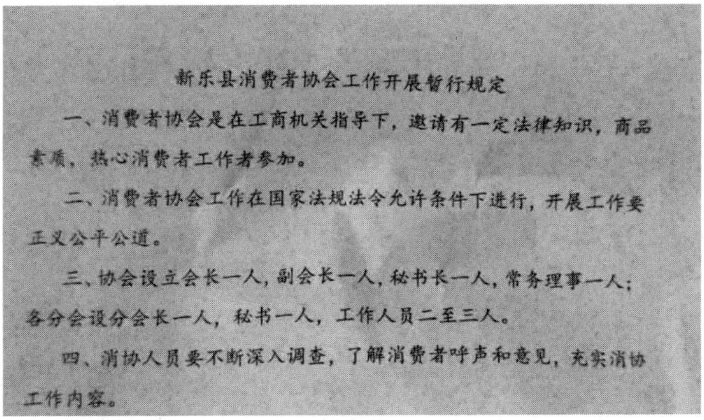

新乐县消费者协会工作开展暂行规定

一、消费者协会是在工商机关指导下,邀请有一定法律知识,商品素质,热心消费者工作者参加。

二、消费者协会工作在国家法规法令允许条件下进行,开展工作要正义公平公道。

三、协会设立会长一人,副会长一人,秘书长一人,常务理事一人;各分会设分会长一人,秘书一人,工作人员二至三人。

四、消协人员要不断深入调查,了解消费者呼声和意见,充实消协工作内容。

图 3-2 《新乐县消费者协会工作开展暂行规定》

中国消费者协会建立之后,各省、市、县消费者协会(委员会)纷纷成立。各级消费者组织开始履行消费者保护的职责,通过自办刊物、联合媒体宣传的方式与其他有关职能部门合作,进行消费警示和信誉推荐,处理消费者投诉,直接进行消费者保护的宣传动员工作,极大地促进了消费者保护工作的开展。

---

① 狄晓璐,陶海军.第一个消费者组织:诞生于河北省新乐县[EB/OL].(2015-03-13)[2021-06-15]. http://finance.sina.com.cn/china/20150313/205121718455.shtml.最早的组织叫"维护老百姓利益协会",目的是管理集市上买卖双方经常因为缺斤短两、假冒伪劣造成的打架事件。1983 年 3 月 21 日,新乐县最终确定成立"维护消费者利益委员会",这成为中国第一个消费者维权组织,也是中国第一次使用"消费者"一词。同年 5 月 21 日,该组织更名为"新乐县消费者协会"。当地消费者协会在县集市贸易大院组织了大型假冒商品展览,把不法商人的丑恶嘴脸公之于众,并当场销毁价值 94 万元的假烟、假酒,引起全国轰动。

② 回眸 315:重走 30 年维权之路[EB/OL].(2015-03-12)[2021-06-23]. http://jjckb.xinhuanet.com/2015-03/12/content_540658.htm.

图3-3 中国消费者协会组织机构示意图

（二）农村消费者保护体系的探索

在一些农村地区，也出现了志愿者积极参与消费者维权的现象。1996年3月16日，山西"曲沃县消费者协会北董分会南临交投诉站"成立，这是曲沃县乃至全国第一个农村投诉站，为周边农民解决了诸多消费难题。因个人买到问题水泥而走上志愿消费维权服务道路的王宪贵，也因此获得了"全国农村保护消费者权益十佳志愿者"的光荣称号。[①] 1999年3月13日，全国总工会、共青团中央、全国妇联和中国消费者协会共同举办了消保志愿者评选活动，对无私奉献、积极投身消保事业的志愿者进行表彰，以期引起社会各界关注，使更多人参与到消费者保护事业中来。[②] 2001年1月31日，《法制日报》让消费者投票选出"维权十佳"，活动历时一年，最终在29名候选人选出了"维权十佳"。[③] 这些志愿者是消费者保护运动重要的推动者和实践者，他们的行动为消费者保护活动的开展起到了重要的示范作用。

2001年，因受假化肥侵害事件的影响，时任承德市工商局局长的陈树峰深入调查农村消费维权现状，对农民消费维权投诉难、投诉案件处理难这两类难题深有感触，认为在农村基层一线建设消费维权体系刻不容缓。[④] 地方主管领导经过研究和论证，认为解决问题的根本途径在于加强农村自身消费维权组织建设。在主管部门和地方消费者协会的支持下，2001年承德市围场县下属村镇试点成立了该市首家农村消费者投诉站，投诉站站长直接由村委会主任义务兼任，并在全县范围铺开试点。2003年4月，为了解决实

[①] 王宪贵：建起全国第一个村级消费投诉站的老人[EB/OL].（2008-02-29）[2021-06-15]. http://www.cctv.com/program/fzbjb/topic/agriculture/C20738/20080229/106677.shtml.
[②] 中国消费者运动历史上的第一次[EB/OL].[2021-06-15]. http://baike.baidu.com/view/1468294.htm.天津市武清县农民郝建华、石家庄热电煤气公司职工郭振清等20位同志分别获得了"全国农村保护消费者权益十佳志愿者""全国城市保护消费者权益十佳志愿者"称号；广东省河源市退休干部叶宏基等100名同志为"全国保护消费者权益百名优秀志愿者"。
[③] 全国"维权十佳"评选活动揭晓[N/OL].（2001-03-16）[2021-06-15]. http://news.sina.com.cn/c/209100.html.河山、任征、王雪莲、杨剑昌、宣信传、尹世杰、郭振清、刘长有、丘建东、李禄寿入选。
[④] 投诉不用出村 家门口就能说理[N].中国消费者报，2004-12-26（A2）.

际工作中出现的建站不积极、要奖励、要待遇等问题,政府开始将农村消费者投诉站纳入政府行政监管体系。随即,承德市其他下属县、区的农村消费者投诉站建设全面铺开,并获得专款投入建设。2004年年初,承德市的做法被河北省工商系统主管领导肯定,认为这种模式为推动农村消费维权建设提供了成熟经验,决定在全省范围内依托乡镇工商所建立消协分会,依托行政村建立消费者投诉站、12315申诉举报联络站,简称"一会两站"。2006年之后,这一做法被推广至全国。

二、消费者保护相关法律的出台

市场经济是法制经济。市场机制的正常运转离不开健全法制的保驾护航。我国消费者保护的法制化发展正是在我国经济法制化建设的过程中逐步发展起来的。消费者协会成立之后,因为缺乏专门的以消费者保护为主体内容的法律法规,消费者协会在开展工作时存在许多不便。

(一)地方法规的先行先试

我国消费者保护的立法始于地方,消费者保护法律的制定与地方消费者保护条例的先行出台息息相关。地方政府根据经济发展的实际需要,陆续制定了适合本地的消费者保护基本规定。1987年1月出台的《沈阳市保护消费者权益若干问题暂行规定》[①]是全国第一个为消费维权而出台的地方性政府规章。其明确了消协的职权,并说明了对产品质量的要求,解决的主要问题是退换货,但整个规定还不到十条。1987年,福建颁布《福建省保护消费者合法权益条例》,这是地方政府最早出台的有关消费者保护的条例。到1993年8月,已有27个省、直辖市、自治区颁布了地方性消费者保护法

---

① 时任沈阳消协秘书长的王景凤回忆,当时处理消费者投诉遇到"三难":经营者的门难进、脸难看、投诉难解决。消协工作人员到处说小话儿、坐冷板凳,到企业则经理避而不见,商管科分管售后服务的部门推脱责任、拒不负责。

规。地方政府在法规制定上的先行先试与经验总结,加快了全国性消费者保护法律出台的进程。

(二)消费者保护法律体系的建设

1985年,国家工商行政管理局草拟了《保护消费者权益条例》,历经多年讨论和修订,至1989年修改出十八稿。① 1994年,我国政府发布了以保护消费者权益为直接目的,明确消费者的权利、消费者组织的法律地位及职权范围、经营者义务、社会监督和严重损害消费者权益违法行为的刑事责任等问题的《消费者权益保护法》。该法规定,消费者权益作为组合性权利,包括消费者安全保障权、参与权、知情权、自主选择权、方便救济权、批评监督权、信用权、受教育权和结社权等9项权利。《消费者权益保护法》的出台填补了全国性消费者保护法律的空白,为市场上的交易行为提供了规范指引,为惩戒违法经营和捍卫消费者权益提供了坚实的法律依据。作为我国第一部以消费者权益维护为主题的专门法,这部法律还创造了其他三项"第一":它是改革开放以来第一部全票通过②的法律;是大陆法系国家保护消费者权益法典中第一次出现惩罚性赔偿条款的法律;在当时的社会调查中,其知名度超过其他法律法规,社会关注度第一。③

在《消费者权益保护法》颁布前后,我国政府还制定了有利于消费者维权的法律《产品质量法》(1993年通过实施,2000年和2009年分别进行修订)和《反不正当竞争法》(1993通过实施),1994年又审议通过了《广告法》。这几部法律的出台和实施,适应了当时的客观要求,有较强的针对性和现实性,构成了我国消费者保护法的初步体系框架。针对法律实施过程中出现的新情况、新问题,国家工商总局和地方人大制定了一系列配套法规和规

---

① 河山.《消费者权益保护法》诠释[M].北京:法律出版社,2014.
② 1993年10月31日出席第八届全国人大常委会第四次会议的127位委员,在讨论《消费者权益保护法》时都投了赞成票。
③ 河山.《消费者权益保护法》诠释[M].北京:法律出版社,2014.

章,对《消费者权益保护法》的规定进行了细化,进一步完善了消费者权益保护法律制度。国家工商总局先后有针对性地制定了《欺诈消费者行为处罚办法》(1996年)、《工商行政管理所处理消费者申诉实施办法》(1997年)、《工商行政管理机关受理消费者申诉暂行办法》(1996年颁布,1998年修订),并与有关部门联合发布了部分商品修理、更换、退货责任规定等规范性文件。这些办法、规定的出台是对消费者保护法律体系的进一步补充完善,使法律的落地与执行更具指导性和针对性,同时也可以看出消费者对于权利申诉的态度更加积极,也更愿意付诸行动来捍卫自己的权益。

随着国内经济持续迅猛发展,2010年前后中国成为仅次于美国的全球第二大经济体。在信息浪潮的冲击下,新的商业消费形态层出不穷,1994年出台的《消费者权益保护法》在消费监督和治理方面出现了不少"法律空白"地带。2014年,新版《消费者权益保护法》开始实施。新消法着重关注消费领域出现的一些新问题,体现了时代特征和消费者的现实需求。新消法强调了经营者的义务与责任,规范了互联网平台等远程购物、个人信息保护等新兴领域的突出问题,充实、细化了消费者权益规定。新消法还进一步明确了行政监管部门的职责,对侵害消费者权益的行为的惩罚力度进一步加大。从增权的角度来解析,新消法的立法精神对消费者弱势地位的认识更深入,使经营者和监管者的责任更加明确,其核心是运用法律手段为消费者提供制度供给型增权。

三、消费者保护理念的宣传普及

20世纪80年代以来,我国消费者权益保护开始受到社会各方面的重视,其重要推手是大众媒介。大众媒介在社会的发展过程中充当了变革的引领者与催化剂。媒介传播公开披露违反法律规定、突破道德底线的侵害消费者的行为,对企业的不合法经营行为进行了警示,对消费者法律防范意识的树立发挥了积极作用。随着我国大众媒介覆盖面成倍扩大和各种媒介数量的剧增,大众媒介一方面更加注重曝光损害消费者权益等行为,唤起消费者的警醒和自我保护意识;另一方面通过介绍国外发达国家消费者保护的做法和规范,加强对消费者保护信息的传播,增强消费者的社会参与意识,扩大消费者保护相关法律法规的影响,有效促进消费者权利概念和消费者权益保护相关法律法规的普及,增强消费者对法律工具的运用能力。

(一)媒介宣传教育的深入开展

国家工商行政管理局和中国消费者协会于1987年秋季在北京举办了第一次大规模的"全国打击假冒行为保护名优商品展览会",时长半个月的展览吸引了大量媒体和消费者的关注,引起了轰动。历年来,政府部门积极开展与中央主流媒体的宣传合作,在中央级媒体上开设专题节目和栏目,包括曝光产品质量的《每周质量报告》《食品安全进万家》,提高消费者法律运用能力、提高消费者商品消费知识和维权知识的《消费维权课堂》《消费者学校》等。各级工商行政管理机关也自行印发宣传资料,定期在大众媒体上公布商品质量监测结果,曝光损害消费者利益的典型案例,并联合地方媒体开设消费教育、消费维权等宣传栏目,广泛宣传消费者权益保护的系列法律、法规,使消费者权益观念深入人心。

每年3月份开展的"3·15国际消费者权益日"的系列宣传活动,已经成为我国具有广泛社会影响力、对消费者权益普及具有重大意义的社会活动。从1991年开始,中央电视台连续与国家工商总局等部门联合举办"3·15国际消费者权益日消费者之友专题晚会",并进行现场直播。虽然首届"3·15晚会"对损害消费者权益行为的曝光力度还不够大,对主题的呈现形式也并不完善,但在中国经济腾飞的时期,在中国消费者初尝改革开放成果却也正在承受假冒伪劣产品所带来的痛苦时,晚会的举办为鼓励消费者维护自身权益起到了很好的启蒙作用。除了给晚会现场拨打投诉电话外,许多消费权益受害人甚至把有质量问题的商品直接带到直播现场请求曝光。消费者的维权意识被点燃了。从此之后,"3·15晚会"成为全民高度关注的消费者保护公益活动品牌,成为国际消费者权益日宣传活动的主力军。① 在国际消费者权益日,全国各级工商机关、消费者协会也都会积极联合有关部门和大众媒体共同举办大规模、形式多样的宣传推广活动。

从1997年起,借鉴国际同类消费者组织的宣传经验,中消协开始每年以一个确定的"年主题"②开展宣传活动(详见表3-1)。年主题活动的开展是中国消费者协会工作方式和宣传手段的一项重大变化,③结合中国经济发展阶段与消费者保护工作的相关热点,年主题活动的确立与推广具有鲜明的时代印记。年主题活动的开展推动了对消费者合法权益保护的宣传,提升了消协的整体工作效益,使消费者保护工作与时俱进,不断深化。

表3-1 1997—2022年消费者保护年主题盘点

年份	主题	年份	主题
1997	携手共治 畅享消费	2010	消费与服务
1998	为了农村消费者	2011	消费与民生
1999	安全健康消费	2012	消费与安全
2000	明明白白消费	2013	让消费者更有力量
2001	绿色消费	2014	新消法 新权益 新责任
2002	科学消费	2015	携手共治 畅享消费
2003	营造放心消费环境	2016	新消费我做主
2004	诚信·维权	2017	网络诚信 消费无忧
2005	健康·维权	2018	品质消费 美好生活
2006	消费与环境	2019	信用让消费更放心
2007	消费和谐	2020	凝聚你我力量
2008	消费与责任	2021	守护安全 畅通消费
2009	消费与发展	2022	共促消费公平

* 根据中消协网站资料整理。

---

① 回顾历年"3·15晚会"主题和曝光产品[EB/OL].[2021-06-15]. http://blog.sina.com.cn/s/blog_4ce3555d01017obz.html.

② 在1996年12月召开的中国消费者协会二届六次理事会上,中国消费者协会会长曹天玷在报告中首次提出"年主题",指消费者协会在广泛宣传贯彻消法的基础上,每年突出一个方面的内容,使之更深入、更深刻、社会反响更大。年主题既是一个宣传口号,又是消费者协会每年的工作重点之一和一系列活动的总称。作为宣传口号,年主题的表述要具备"标语"的风格,易懂易记。作为工作重点之一和一系列活动的总称,年主题既要与一段时期消协的工作重点相联系,又要由一系列相关的活动组成。

③ 中国消费者协会原秘书长杨竖昆在《关于中消协常设机构一九九七年工作思路的说明》中,进一步指出了开展年主题活动的意义。

(二)《消费者权益保护法》的普及与贯彻

《消费者权益保护法》实施后,消费者维权有法可依。1994年3月,在北京举办的"全国工商行政管理机关保护消费者权益成果展"上,国家工商行政管理局和中国消费者协会展示了各级工商行政管理机关贯彻执行《消费者权益保护法》的工作成果。尤其是在索赔权条款的宣传介绍方面,中国消费者协会、大众媒体为了号召广大消费者运用"惩罚性赔偿"的法律武器向假冒商品宣战,掀起了几次宣传高潮,对这一条款的普及和运用发挥了重要的舆论引导作用。[①] 第一次宣传高潮始于1995年"3·15"期间北京电视台播放的《悬赏打假》节目,新闻界率先开展对《消费者权益保护法》第49条中"加倍赔偿"权利的宣传[此处指旧版《消费者权益保护法》(1994)第49条,新版消法修订后为第55条]。第二次高潮源自1995年秋消费者王海购假索赔成功的案例。《中国消费者报》迅速抓住这个典型,联合中消协召开"制止欺诈行为 落实加倍赔偿"的座谈会,使消法打假获赔的案例得到广泛传播,之后王海也成为职业打假的代表性人物。随后,围绕知假买假、服务乱收费、房地产等大宗商品索赔等话题形成的其他几次打假舆论高潮,在全社会引起了巨大反响,围绕对消费者索赔权的讨论以及由此带来的消费者权益保护法律的宣传,有力地推动了我国消费者保护行动的发展。

(三)"王海现象"的争议与示范效应

1995年,山东无业青年王海借助消法的索赔条款,开始知假买假索取双倍赔偿。由于他的打假行为带着鲜明的牟利动机,在社会上引发了热烈争议。中国消费者协会支持他知假买假打假,同年12月他获得了中国第一个

---

① 河山.《消费者权益保护法》诠释[M].北京:法律出版社,2014.

"消费者打假奖"①。但与此同时,"知假买假不是消费者,不能得到加倍赔偿"等相反论调也开始出现,全国有不少消费者"知假买假"后却不能获得加倍赔偿。为了扫除障碍,消费者开始采取向法院起诉的措施。最典型的是时任全国人大法工委巡视员河山主动购买两幅假冒徐悲鸿的画,以"疑假买假,诉请保护"为由起诉至所属辖区法院。1996年8月2日,北京市西城区人民法院判决售卖者加倍赔偿,这是我国首例生效的判定收缴假货的民事制裁书和对"疑假买假打假"进行法律判定的判决书。随后,为了向服务领域中的欺诈行为宣战,福建省龙岩市技术监督局副局长丘建东因为电话收费问题打起了"多收一块一"官司,但两件案子的立案机构北京市西城区人民法院与北京市东城区法院却判决不同,一胜一败。之后,在这几起消费维权诉讼的示范效应下,中国消费者协会和《中国消费者报》接连召开系列座谈会,对贯彻《消费者权益保护法》(1994版)第49条规定,进行了"制止欺诈行为 落实加倍赔偿"的专题研讨。

"王海现象"出现后,舆论的争议主要集中在以下几点:王海购假是以营利为目的的,购假索赔得到的收入是否属于不正当收入,他是不是真正的消费者;王海不去找小商场或个体摊贩,而以国有大商场为目标购假索赔,损害的是公有经济;一个王海购假已让本地商家应付不暇,示范效应将使市场秩序混乱。1997年著名经济学家厉以宁先生发表论"王海现象"的文章,他认为王海是守法的,他是在使用国家赋予消费者的合法权益,用法律手段依法行事,而商家公开出售假冒产品才是违法行为。②

"王海现象"最直接的一个结果是促进了一些国有大中型商场转换商品销售渠道,从销售假冒伪劣商品转向销售有正规保障的商品。相对于政府职能部门的集中、正规的打假来说,个人打假的直接作用可能显得微乎其微,但其对于消费者自我保护意识的唤醒、激励与鼓舞却发挥了独特的引领

---

① 新消法支持"知假买假" 职业打假人或迎春天[EB/OL].(2014-03-19)[2021-06-19].http://www.chinanews.com/fz/2014/03-19/5966501.shtml.
② 著名经济学家厉以宁再论"王海"现象[J].城市技术监督,1997(10):20.

示范作用。王海是消费者保护进程中第一个以个人身份依托消法条款争取权益的典型代表,也促使一些消费者开始投身于职业打假。从某种程度上来讲,"王海现象"的产生正是消法制定的初衷之一,也是消法实施的必然结果。王海的行动示范使消费者认识到依法打假维权的可行性,是消费者增权过程中质的飞跃,使消费者由上当受骗、投诉告状转变为对假冒商品的主动出击、依法打假,这是法律实施贯彻的真正目的,也是制度供给型增权赋予消费者保护的最大优势之一。只有消费者真正拥有了能与生产经营者相抗争的法律工具,才能使假冒伪劣商品没有生存空间,使市场交易秩序得到净化,使消费者的合法权益得到保护。

然而,近二十多年来的法律实践表明,依法起诉维权索赔的过程并不如想象中那样顺畅,争议一直存在。一些人对民间职业打假的现象存在偏见,诋毁、打击民间打假人的现象时有发生。在打假索赔过程中,也有个别人打假索赔维权过度、漫天要价。"三鹿奶粉事件"后个别家长的后续索赔被认为是寻衅滋事、敲诈勒索,甚至被反起诉。各地法院接二连三地出现判定"知假买假者诉求惩罚性赔偿"败诉的案例,对消费者权益保护中"惩罚性赔偿"条款的贯彻渐入低谷。[①]

从增权角度来看消费者保护的发端,在增权主客体之间的关系、增权形式表现和内容上,我国消费者保护的直接激发因素与国外发达国家是有显著区别的。与美、欧、日等地持续的消费者保护运动中消费者自发抗议、广泛宣传和争取权利不同,在我国的消费者保护活动开展的初始阶段,政府的介入是主导因素。政府有计划、有秩序地对消费者保护活动进行组织和引导,如相关部委不定期在官方媒体渠道上对消费者发出消费警示,曝光损害

---

① 河山.我国3·15打假索赔的产生与发展[EB/OL].(2015-12-08)[2019-04-14]. http://ts.21cn.com/news/a/2015/1208/17/30354533.shtml.在低谷时朝,一些知假买假的消费者退出个人打假队伍,顺应形势转办打假公司,成为民间职业打假人中的领军人物。王海建立了大海公司专业打假;叶光辞去了公职下海打假,横扫伪劣的一次性注射器;丘建东开办了海平面法律服务所,致力于公益诉讼;刘殿林开创了北方狼公司,令一些造假者谈"狼"变色;杨连弟开设公司,与共识者一道打了著名的"牙防组"牙膏官司。

消费者权益的事件,发动涉及假冒劣质商品的阶段性"围剿",查处侵害消费者权益的违法行为。从经济发展阶段来看,1984 年被称为"大陆现代公司元年",一大批影响至今的著名企业在当年成立。① 可以想见,当时全社会的生产水平、消费供给还处于一个低水平阶段,企业的质量意识在"海尔砸冰箱"②的示范效应中才开始重新受到重视。生产与消费是相辅相成的,消费正是随着生产力的解放和产能的增加开始逐步显现利益性、技术性乃至结构性问题的。经济社会的快速发展使消费者保护问题日益受到政府和社会各界的关注和重视,共同保护消费者权益的社会机制在我国逐步形成。

第三节　增权视角下国内外消费者保护的经验比较

消费者保护的出发点在于协调生产者与消费者的利益冲突。从发达国家消费者权益保护的经验来看,任何一个国家消费者保护体系的建立都离不开其独有的历史源流、政治环境、经济基础与社会背景。所有先进的管理或有效的监管必须立足于一定的发展阶段,逐步完善提升。

对于发展中国家而言,尤其是在我国以公有制为主体、多种所有制经济共同发展的基本经济制度下,区域、城乡经济发展差异大,消费者保护制度必然有其阶段性的特征与局限。我国开展消费者保护不仅要学习发达国家消费者保护制度的先进经验,还要从其发展历史中思考影响监管效果的因素,总结其根源于经济制度特点与不同发展阶段的局限性。消费者保护是一个涉及多部委、多方利益的复杂的社会综合治理问题,需要从保护消费者的根本利益出发,从当前经济社会发展阶段的复杂性和特殊性出发,通盘考

---

① 吴晓波.激荡三十年:中国企业 1978—2008[M].北京:中信出版社,2007:127.
② 海尔集团创立于 1984 年,当时是一个亏损 147 万元的集体小厂。1985 年,青岛海尔电冰箱总厂厂长张瑞敏收到一封消费者来信,反映工厂生产的电冰箱有质量问题。面对 76 台质量不合格的产品,张瑞敏抡起了铁锤。"砸冰箱"事件改变了这家不知名小厂的命运,从此海尔树立了做家电行业强势品牌的目标,开始狠抓质量。

虑,探索适合我国国情的实施途径和解决方案。

一、国际消费者增权的经验

菲利普·科特勒(Philip Kotler)认为,促使20世纪中期美国消费者运动兴起的因素涉及经济结构性原因、社会动员以及其他增权主体的态度等几方面。① 具体包括:

第一,经济和社会发展中存在的结构性增长与紧张问题。从整体经济社会的发展情况来看,二战后美国的经济发展在科技创新和人口红利的刺激下,迎来了持续繁荣。到20世纪60年代中期,美国有近8 000万婴儿出生,约占美国总人口的三分之一,这一代人被认为是"婴儿潮的一代"。这一代人的收入水平和受教育水平都有大幅提升,但是与此同时,过度开发和环境污染与经济持续发展的矛盾开始出现,通货膨胀开始抬头,种族问题、反战运动等开始蔓延。在商品交易上,以劣充优的现象层出不穷。

第二,社会平权信念的滋长和行动动员。20世纪中期,围绕"女性(女权)、种族(黑人民权)、社会文化批判(学生、嬉皮士)"主题展开的民权运动在美国兴起,对资本主义进行反思和批判的浪潮涌动,争取"权力"和"权利"是社会运动的中心议题。在消费者保护方面,约翰·肯尼思·加尔布雷斯(John Kenneth Galbraith)、范斯·帕卡德(Vance Packard)、瑞切尔·卡森(Rachel Carson)通过著作对涉及消费者利益的社会深层问题进行了批判。② 在立法问题上,参议员埃斯特斯·凯弗维尔(Estes Kefauver)、联邦最高法

---

① 莫耶,赫特.宏观市场学[M].程东跃,肖经建,涂永式,译.北京:商务印书馆,1990:197.
② 经济学家约翰·肯尼思·加尔布雷斯(John Kenneth Galbraith)在《丰裕社会》(*The Affluent Society*)中对商品经济的富足和社会服务的匮乏进行批评;记者范斯·帕卡德(Vance Packard)在《隐形的说客》(*The Hidden Persuaders*)中揭示了营销活动对消费者行为进行操纵的程度,揭露了广告业的黑暗面;作家瑞切尔·卡森(Rachel Carson)的《寂静的春天》(*Silent Spring*)中揭示了农药滥用对环境的破坏。

院法官威廉·奥威尔·道格拉斯（William O. Douglas）倾向于保护消费者。① 肯尼迪总统发布的关注"消费者基本权利"的特别咨文和消费者组织持续的理念宣传，都向公众传递了消费者要求权利平等的信念。

在消费者运动发起前，家庭主妇对消费侵害的反响最为激烈，她们开始对企业的营销活动保持警觉，在消费者运动领导人物拉尔夫·纳德（Ralph Nader）的持续鼓动下，自发联合起来组织抗议示威活动。想要获得消费者群体选票支持的政治家、想要争取更多消费者会员支持的各类新兴消费者利益群体组织，以及大众媒体等，其对消费者运动进行持续关注和宣传，都在消费者运动的舆论引导中起了推动作用。

第三，其他主体的控制失效。立法机构、政府和生产经营者没有重视消费者的权利意识觉醒和诉求，这使消费者保护运动的发展迅速成为全社会共同的关注焦点。如果政府和生产经营者及早沟通，采取有效措施，有可能会平息消费者的怨愤，不至于使消费者运动发展得如此迅猛。

科特勒的研究从宏观的社会层面与具体的运动演化过程切入，开创性地将消费者运动和美国社会内部深层次的矛盾联系起来。从科特勒的研究中可以看出，消费者保护确实是一个社会的系统性问题。总结国际消费者权益保护的历程可以看到，重视消费者权益不仅促进了生产经营者生产管理的规范，使经济良性有序发展，而且对社会道德信仰的建立起到了重要的催化作用。

按照增权理论，增权涉及增权主体、增权内容和增权方式几个方面。在发达国家消费者增权过程中，基于消费者教育的信息供给型增权模式，其增权主体主要是政府、媒体和消费者组织等；而基于政策、制度、法律供给的制度供给型增权模式，其增权主体主要包括立法机构和政府。

增权内容意在提高消费者的力量或改善消费者的力量结构，通常是指

---

① 凯弗维尔发起反垄断的《塞勒-凯弗维尔反兼并法》（Celler-Kefauver Antimerger Act，1950）；道格拉斯在任最高法院大法官时，同情弱势群体，支持个人权利，反对政府扩权。

消费者自己判断、选择消费品和规避风险的能力以及其他技能。发达国家的消费者增权方式首先通过消费者教育以及信息供给等来弥补生产经营者与消费者的信息不对称，从而提升消费者判断和选择的能力。

对比国际消费者权益保护发展的历史，可以看出我国在消费者保护工作方面的差距和消费者增权的空间。发达国家消费者保护工作从增权的主体、内容和形式来看，主要有以下几方面内容：

(一)增权主体——各司其职的消费者组织、大众媒介与政府机构

1.消费者组织

发达国家消费者保护的发展历程表明，消费者组织在争取消费者权益的过程中发挥了引领、推动和促进的重要作用。正是消费者组织从关注切身利益出发，以维护消费者合法权益为目的，自发形成了一系列抗议活动，才使政府和其他社会机构逐步重视消费者的权益保护。

依照国际消费者协会的标准，消费者组织主要包括两类：一是自发建立的消费者团体，二是通过政府组织成立或作为政府机构所属的专业部门。美国、英国、日本等发达国家的消费者组织模式是由政府建立一个综合行政执法机构，允许民间自发形成不同的消费者群体，并支持和引导成立民间组织，保持两者的沟通。国际消费者协会要求消费者团体必须独立于生产经营者，生产经营者不能直接赞助消费者团体(个别有消费者保护职能的中介组织例外)。保持独立的民间消费团体有很强的专业性和权威性，获得了消费者的信任。

发达国家的消费者团体不仅数量多，其形式也各有不同。发达国家民间消费者组织形式主要包括会员制的社团法人，以及以捐赠财产为基础而成立的财团法人。消费者协会和其他社会组织之间既有竞争，也有分工并开展合作。政府会通过法规政策或经费资助进行支持，但它们工作相对独立，不受其他因素干扰。

在发达国家,消费者组织涉及多个层面。从地域性看,不仅有国际消费者联盟组织,还有区域间的消费者协作网络(如欧盟、北美自由贸易协议区等);在发达国家内部,自上而下的消保体系非常完备,不仅组织机构遍及全国,而且对消费信息收集、研究报告发布、消费者投诉受理、消费者公益诉讼协助以及法庭监督等一系列相关事务都有全程协助。

同时,消费者权益机构与相关的专业机构、中介组织也保持着非常密切的联系,在相关事务中拥有发言权。如英国标准协会(BSI)旗下消费者和公共利益战略委员会(CPI-SAC),间接影响了企业生产标准的建立和强制准入标准的出台。消费者组织所推动的消费者运动使全社会重视消费者事务,也使原本处于强势地位的生产经营者不得不关注消费者事务,加强与消费者的沟通。比如,在美国生产消费类产品的企业中,大多在企业内部设有保护消费者权益的自律性机构,免费提供资讯和接受查询。一些地方商会也在消保方面投入精力,从而使消费者权益保护的网络更加广泛和健全。此外,消费者组织会和其他在企业设立的民间机构协调处理消费者权益保护事务。[①]

可以说,如果没有广泛存在的民间消费者组织的努力,就不会有今天消费者保护的成就,就不会有今天各国政府、生产经营者对消费者保护的重视,也就没有关于消费者保护的相关政策、法律法规、行政保护措施的陆续出台及有效实施。在发达国家的消费者保护体系的形成过程中,消费者团体始终是最重要的力量,消费者自身对权益的重视及其团体组织化后对权益的不懈争取是消费者保护运动蓬勃发展的原动力。

2.大众媒介

在发达国家消费者争取自身权益的过程中,可以清晰地看到大众媒介在舆论监督、社会动员中发挥的重要作用。

20世纪初,美国新闻史上的"扒粪运动"就以揭露损害公众利益与劳工

[①] 国世平,冯婷婷.消费者权益保护的国际借鉴[J].广东财经大学学报,2008(1):30-33.

利益的实业界丑闻而闻名。之后,历经十年的揭黑运动以旗帜性刊物先后被保守的企业集团购买而告终,但黑幕揭露报道的变种——调查性报道在20世纪六七十年代大行其道,其对公共权力的监督不遗余力。1985年,"普利策新闻奖"设立了调查性新闻奖。媒体对黑幕的持续报道对美国产生了深远的影响,不仅促成了美国公民意识的觉醒,更使舆论监督的观念深入人心。

就消费者保护而言,它首先是对公众知情权的尊重。以美国食品安全领域为例,在其近百年的发展过程中,美国新闻工作者的三本调查性报告的出版引发了社会舆论,促使美国食品安全状况不断迈上新台阶。《寂静的春天》中关于杀虫剂潜在危险的警告被确认,美国国会开始重视环境保护,成立了第一个农业环境组织。1970年,美国国会通过了国家环境政策法案(the National Environmental Policy Act),成立了美国环境保护署(Environmental Protection Agency,EPA)。《寂静的春天》直接推动了美国民间的环保运动,普及了公众知情权概念。艾瑞克·斯克罗瑟(Eric Schlosser)的《快餐王国》(Fast Food Nation,2001)充分继承了"扒粪新闻"写作的传统,引发了美国公众对食品安全和快餐文化的深刻反思。近年来,《华盛顿邮报》的资深记者兰德尔·菲茨杰拉德(Randal Fitzgerald)出版了《化妆品的真相》(Toxic Beauty)和《百年谎言》(The Hundred-Year Lie),对化学工业、制药业以及食品加工业等领域的一些现实提出质疑。① 此外,媒体一直持续关注公众健康、日益普及的有机食品风潮,正在引导美国公众的饮食向更健康的结构转化,推动美国的食品安全迈上新台阶。综观美国食品安全之路,这些调查性报道在每一个消费者保护运动的节点上都发挥了不可替代的作用。在英国,始于1980年的一档周播节目《监察》(Watchdog)②,以

---

① 三本书改写美国食品安全史,这会是第四本吗?[EB/OL].(2012-04-29)[2017-04-29]. https://book.douban.com/subject/6853927/.
② Watchdog (TV series)[EB/OL].[2017-04-29]. https://en.wikipedia.org/wiki/Watchdog_(TV_series).

曝光不良商贩、维护消费者权益为主要内容,每期曝光三个欺骗消费者的公司,持续播出几十年,成功地改变了消费者对自身权利的认识,同时也迫使部分企业关门或改变做法,促进了相关法律的出台与完善。

3.政府机构

发达国家的消费者保护经历了一个从自发的群众性活动到政府干预、从无序到形成完善的制度和法律体系、从放任侵害消费者权益的行为到全社会共同维护消费者权益的历史过程。它们的经验表明,各国政府越来越关注国民生活,保护消费者权益及其相关制度规范的建设,已经成为各国社会经济政策的重要组成部分。

从国际消费者保护发展历程来看,政府对消费者权益最重要的贡献就是制度供给型增权,包括自由而有规矩的市场经济秩序的建立、出台一系列强大而烦冗的法律法规,以及设立相关的政府部门和消费者事务处理机构。除了出台法律,也通过不断完善政府监管职能来提高部门协作效率,提高监管实效。

20世纪70年代以来,美国历任总统都不同程度地改革食品安全监管体系。经过几十年的发展,该领域基本形成了以"品种监管"为主的分散监管模式,保护公众利益。美国的经验表明,监管机构的集成是一个渐进的过程,需要科学论证和分析,不可能按照行政命令整齐划一地简单行事。联邦食品和药物管理局(Food and Drug Administration,FDA)是美国规模最大的消费者权益保护机构,负责全国药品、食品、生物制品、化妆品、医疗器械以及诊断用品等的管理,其处罚手段包括罚款、向媒体曝光和责令召回问题产品等,必要时通过法律程序严惩违法产品的生产者和销售者。面对食品安全监管中的重复执法问题,联邦食品和药物管理局(FDA)、农业部(DA)、环保署(EPA)、国家海洋渔业服务局(NMFS)四个监管机构就食品安全监管达成了近百份跨部门的合作协议,其中三分之一的协议的主要目的在于减少职能的重叠、提高效率和有效利用资源。

对专业消保组织/中介组织的尊重与支持、对消费侵权投诉便利的多元化处理渠道①、对侵害消费者利益的行为的严厉惩罚(包括巨额罚款与刑事处罚),使得消费者保护成果更加显著,也将消费者的权利意识和自我保护能力推向了一个新高度。

(二)增权内容与形式——从意识到落实的重视

在各方的共同努力下,消费者增权的内容与形式随着消费者保护的发展增加了不同的主题。在增权过程中,不同国家的增权主体实施的增权内容有所差异,但是持续且多方位的消费者教育是这些主体的共识。

1.注重消费者教育

在美国,无论是各级政府消保机构,还是民间消保团体乃至企业的自律部门,几乎都通过报刊、手册和网站、社交媒体等开展消费者教育,其中包括对政府的法律宣传与对消费者自我权利意识的持续唤醒。《消费者报告》杂志没有商业广告,不替任何公司作宣传,在读者中享有很高的声誉。消费者联盟的50多个实验室致力于自己的比较测试,然后通过杂志和网络告知消费者,以此作为消费者教育的重要内容。

日本在1963年6月提出学校消费者教育的重要性,在国民生活对策审议会中颁布《关于消费者保护的议案》。1965年12月,产业结构审议会消费经济部在"关于适用消费者意向的政策和消费者教育应有的方式"中,特别强调了学校教育中消费者教育的重要性。1989年3月,文部省颁布的新教学大纲中,明确规定在社会课、家庭课、商业课中加入消费者教育内容。至此,消费者教育正式被纳入学校教育课程。日本在《消费者基本法》(2004)颁布前,消费者教育主要是根据学生的成长阶段,通过大、中、小学《教学大

---

① 多数国家设有小额诉讼法庭,例如新西兰处理、调解消费纠纷至少有7条途径,包括行业协会调解、中间人调解、民间仲裁、小额仲裁法庭、法院裁判等。所有仲裁机构都不向消费者收费,仲裁机构的经费来源主要是生产经营者按规定每年交纳的费用,被投诉越多,向仲裁机构交的费用也就越多。

纲》的指导而在学校实施的。1989年,为加强对"消费者教育的支援",经济企画厅国民生活局(现内阁府)与文部省联合设立共管财团法人"消费者教育支援中心",负责开发教材,并派遣专家顾问到学校、社区(生活馆)开展消费者教育专题讲座。修订后的《消费者基本法》,不仅以法律的形式固定了原"消费者教育支援"的制度,明显增加"支援行政"的比重与力度,而且开始从"行政规制"逐渐向"民事规制"转换,消费者启发教育进一步充实,从"学校教育"向"生涯教育"深入。修法把"消费者自立的支援"作为消费者政策的基本原则之一,消费者启发教育的重要性进一步增强。[1]

2.注重试验抽检

目前在欧美等发达地区,消费者组织的一项具有特色的活动就是广泛开展商品的比较检验,通过发布各种消费信息和开展消费咨询,为消费者提供专家型服务。世界上最早开展商品比较检验服务的消费者组织是美国消费者联盟,其最初只检验一些消费者经常购买且容易检验的商品,现在则拥有自己的实验室和自动检验中心。其在检验商品时,另有一套符合消费者要求的标准和方法,但不同于企业和政府对商品的标准和要求。消费品安全委员会(Consumer Product Safety Commission,CPSC)为确保产品的安全性而制定标准并监督执行,CPSC规则业已成为一个国际认可的安全生产准则,不少具有潜在危险的产品依法由厂商报告给CPSC,再由它确定其危险程度以及是否能投放市场。这也从侧面反映了消费者组织与政府间的良好合作。同时,该机构每年要在市场中直接抽查几千种产品,约占该委员会管辖的消费产品总数的1/4以上,全年通常要处理几百起抽查及投诉的案件。案件的处理均以实验室检测的数据为依据,案件处理的公正性、科学性及可靠性很强。

日本的消费者团体坚持"一品检验",即一个牌子只检验一件,要求企业提供的商品中任何一件都没有问题。德国的权威消费者组织——消费品检

---

[1] 吴克宇.论日本消费者政策法的新发展[J].消费经济,2006,22(5):92-95.

验基金会还对服务,如消费信贷、养老院等进行评级,提供很多有价值的调查报告。欧洲的消费者团体采取"联合比较检验"的方法,12个国家的消费者团体联合比较检验并分摊检验费用,然后把比较检验报告分别发表在各自的刊物上。

3.注重分阶段推进

1960年至1974年,日本处于经济高速增长期,曾较为集中地出现假冒伪劣商品问题、安全性问题、物价问题、商品成分虚假问题、欺骗性销售问题、公害问题等各种各样的消费问题。为了解决这些问题,日本建立了一套完整的消费者保护行政体系。1961年日本成立经济企画厅长官的咨询机关"提高国民生活对策审议会",1966年该机关提出了《关于消费者保护组织和消费者教育的议案》,号召要强化消费者保护组织和消费者教育。1968年5月设置的"消费者保护会议"每年召开一次,确定消费者行政的基本方针和具体的消费者保护政策。

在日本,消费者教育的理念随着时代和经济的发展在不断变化,形成了消费者教育三阶段理论。[①]

一是"聪明的消费者"阶段。在20世纪60年代的经济增长期,日本提出要培养"聪明的消费者",这是针对当时大量出现的消费者被侵害问题所提出的消费者教育目标。通过对消费者进行购物知识的启蒙教育来提高消费者的自我保护能力,尽可能降低假冒伪劣商品对消费者的侵害。

二是"自立的消费者"阶段。20世纪80年代,随着假冒伪劣商品问题的缓解,消费者教育的目标也变为建立更加合理的生活方式的"自立的消费者"。随着生产力水平的大发展,商品和信息过剩,消费者作为生活的主体,要具备自我决策、订立合同的意识,还要具备平等交易、生活方式规划等方面的知识,以及针对消费行为合理性的判断力。

---

① 周晓虹.我国消费者教育理论初探[C]//全国第六次消费经济理论与实践研讨会暨尹世杰教授八十华诞庆祝会论文集,2002:35-38.

三是"自觉的消费者"阶段,现在,则强调要培养"具有主体性的消费者"和"能够自主、合理判断的消费者"。卖方市场竞争促使企业对消费者需要越来越重视。消费行为不仅是个人喜好的问题,也是影响经济活动的社会问题。消费者作为经济活动的参与者,在很大程度上左右着企业的经营方向和国民经济的发展方向。站在更高的角度审视消费者生存的社会价值,使消费者成为美好生活环境的创造者,培养"自觉的消费者",这是消费者教育的本质。

根据经济和社会发展情况,发达国家持续推进消费者教育,结合消费者组织、大众媒介和政府各方的资源优势,使消费者的权利意识、自我保护能力、维权意识逐步提升,为全社会的消费者保护风潮奠定了坚实的群众基础,形成一套促进经济良性发展的消费者保障体系,使经济发展的各利益相关方对消费者权益的重要性达成了共识,形成经济发展和社会治理方面的良性自律机制。这不仅提升了全民生活品质,也使经济发展更稳健,社会关系更和谐,对国家形象和企业品牌影响力的传播也不无裨益。

二、中国消费者增权的机遇

(一)增权客体——消费者群体的分化

1.消费者成熟度不足

我国实行消费者权益保护制度以来,"3·15"文化已经为人们所接受。消费者保护状况得以改善,不仅与经济发展、法律制定、市场监管、舆论监督密切相关,也与消费者自我保护意识提高、消费知识增加、消费心理逐渐成熟息息相关。

然而,这种认同多停留在"政府保护弱者"的初级层面,还未得到充分诠释。与日本消费者保护的"聪明、自立和自觉"这三阶段相比较,我国虽然已经成为第二大经济体,消费水平有了大幅提升,但是消费知识与消费能力的欠缺仍然是阻碍消费者权益实现的一大障碍。消费者权益受损往往有三个原因:一是消费者的权益观念及自我保护意识淡薄,二是消费者还存在某些不成熟的消费心理,三是消费者缺乏消费知识。

以金融业为例,2014年3月银率网发布的《2013年度中国消费者金融能力调查报告》显示,消费者金融知识得分仅50.36分(满分为100分),未达到及格线,这清晰地表明中国消费者的金融知识比较欠缺。[1] 消费者对金融知识的掌握存在不足,导致部分正常的银行规范不能被消费者接受而引发投诉,也导致部分利益受损的消费者忍气吞声并默默承受,还有的消费者倾向于采取曝光甚至更激烈的方式表达诉求。

2.职业举报人出现

从1995年王海购假索赔成功开始,对职业打假人存在合理性的争议层出不穷。随着《消费者权益保护法》中规定的赔偿金额的大幅增加,消费者群体中出现了以职业举报为生的团体。深圳市零售行业协会相关负责人认为,很多"职业举报人"以合法的旗号进行敲诈勒索,侵害深圳的营商环境,非理性举报造成行政资源的巨大浪费。[2] 深圳市市场监管局认为,良性举报行为对于完善法律法规、规范市场秩序有着积极意义,但偏离正常轨道、非理性的举报造成了行政与司法资源的巨大浪费(见表3-2)。

表3-2 深圳市场监督管理局处理"职业举报人"举报情况(2010—2013)

年份	政府信息公开申请		复议诉讼		行政诉讼	
	件数	占比	件数	占比	件数	占比
2010	141	30%	—	—	—	—
2011	336	76%	—	—	—	—
2012	1 008	97%	150	92.6%	152	87%
2013	2 800	99%	414	97%	338	92.1%

(注:不含分局受理,数据根据新闻报道统计。)

---

[1] 阙方平,黄超.消保工作日益重要 投诉处理务必改善:银行业消费者投诉问题调查研究[J].银行家,2015(5):50-53.
[2] 职业举报人出没在鹏城[N/OL].(2014-10-09)[2021-06-15].https://finance.qq.com/a/20141009/002924.htm.

应该说，社会整体信用体系的不完善和对制假售假企业惩罚力度的不足，导致假货泛滥不绝，而对以维护法律之名而作敲诈勒索之实的恶意举报、诽谤也成为一大障碍。但是，从另一面来讲，以王海为代表的消费维权斗士的出现，在社会整体缺乏专业消费者组织团体的引导和集体维权的情况下，还是有其积极的示范作用和宣传效应的。因此，这也更凸显了专业消费者组织对完善消保体系的重要作用。

3.中产阶级兴起

改革开放以来，四十多年的社会转型具有高度的多面性和复杂性。从国际经验来看，当一国人口年龄峰值在46岁时，往往伴随着一个国家消费支出顶峰的到来，就此而言，未来十年中国将迎来消费人口激增的局面。①

中国经济发展正在创造出一个规模庞大的中等收入阶层。吴晓波认为，在需求端出现了亿级中产消费阶层，2016年是新中产消费的元年。胡润研究院在《2018中国新中产圈层白皮书》中，对当下中国的新中产阶层进行了比较详细的定义，其中对新中产阶级划定的财富标准为：在中国的一线城市家庭年收入要达到30万元，其他城市家庭年收入至少要达到20万元，并且要有300万元以上的净资产。这群人是带有中产阶级特点的消费者，"中产"二字催生了"消费升级"的说法。这一类型的消费者对价格不再过分敏感，转而对品质有更高的追求，也愿意为品牌溢价买单。中等收入人群不仅有自己的市场需求，还有自己的消费价值观。随着中国消费群体的实力增长，他们的权利意识开始不可抑制地觉醒，正在成为一股不可忽视的力量。然而，我国市场上很多商品和服务的供应商似乎并未意识到这一点，仍在粗暴地榨取市场利润，而忽视提供安全、可靠的产品和服务。有消费者开始持续抵制相关产品，并且自发组织起来，以公益广告的方式来表达他们的

---

① 牛播坤,余芽芳.新消费系列报告一：这样的消费大潮你怎能错过？[R/OL].(2015-04-30)[2017-04-29]. https://www.doc88.com/p-6867803392914.html?r=1.

不满。

收入、教育水平和自我保护意识都较高的中产阶层对品质生活的需求，直接推动了出境购、代购的出现。这种消费现象也迫使政府和生产经营者反思如何通过更多有效举措重新获取消费者的信任，而提高消费者保护无疑是必不可少的方式之一。

(二)增权内容与形式——法规政策的完善与新技术的演进

消费活动的社会化，使得消费者利益作为一种独立的利益形态而形成，某种意义上，它也代表着公众利益。侵害了社会经济利益，一定会有个体的利益受到侵犯。而无数个体的利益受到损害，就不仅仅是个体的问题，而成为社会问题。在经济促进社会发展的同时，用法律来调节经济活动中的关系和规范是现代社会的一项重要工作。相比国外发达社会的法制传统，在以人情为联系纽带的中国传统社会，消费者作为弱势群体维护自身合法权益的成本是非常高的。在"公平公正"的立法精神中，维护消费者群体合法利益有利于促进整体经济的和谐发展，这也是当代中国迫切需要的社会治理改革。技术的进步也促进了对消费者合法利益的进一步保障，技术对消费成本的降低、消费信息透明度的增加以及消费过程的便捷化，从不同角度满足了消费者日益增长的需求，也使消费过程的体验性、消费维权的便利性得到了更全面的提升。

1. 法规政策的完善

近十多年来，国家制定了一批保护消费者权益的法律法规，这些法律法规组成的消费者保护体系，使消费者权益保护在法律上有了切实的依据。《消费者权益保护法》(2014年修订)、《食品安全法》(2015年修订)的修订，以及相关配套法规的出台，都在逐步完善消费者维权的法制保障。消费者的依法求偿权，如王海知假买假索赔成功，使我国消费者利用《消费者权益保护法》索取赔偿变为一项实际制度，切实促进了消费者维护自身权益的进程。2008年"三鹿毒奶粉事件"也直接促成了《食品安全法》中生产者、经营者对消费者承担十倍价款赔偿条款的制定。

2014年新消法"举证倒置"条款的制定为消费者扫除了维权需要自行举证的障碍。在法规落地方面,配套措施也在不断跟进。2015年北京市工商局在洗涤印染行业首次尝试引入"消费者投诉专家援助机制",聘请行业专家为消费者答疑解惑或参与调解,以更有效地促进消费纠纷的解决。各区县也开设消费教育基地,用另一种专家援助机制引导消费者科学消费、合理维权,积极推进多元消保维权工作格局的建设,完善多元消费纠纷解决机制。

同时,政府持续关注消费保障的立法工作,完善消费品质量安全法律法规,加快推进《标准化法》修订以及《消费品安全法》《质量促进法》等立法工作,完善质量激励政策,强化质量多元共治,为消费品标准和质量提升提供法制保障。

2. 新技术的演进

随着技术的发展,互联网"连接一切"的方式对社会构造和社会运作产生了巨大影响。整个社会增权的基本方式已经发生了根本性的改变。作为构造社会的主要组织性力量,互联网较传统社会最大的改变是激活了个人,使个人得以在互联互通中成为社会生活的基本主体和基本单位,蕴含于个人身上的种种价值因子(个人的时间、知识、体验、社会资源及做事能力等)、个人能量和基础性资源纷纷被激活、整合和利用。可以说,整个互联网创造出来的奇迹或者泉涌出来的新功能、新价值,其实都是在个人被激活的情况下,由技术和社会激励模式聚合而成的新景观、新模式。①

在信息传播方面,随着自媒体时代的来临,人人都拥有表达、传播和与他者互动的工具和途径。互联网增权和传统的不同之处在于,其是多方联

---

① 喻国明,马慧.关系赋权:社会资本配置的新范式——网络重构社会连接之下的社会治理逻辑变革[J].编辑之友,2016(9):5-8.

动和多元主体的概念。师曾志认为社会化媒介形成了新的社会网络，也构建了新的社会关系，最重要的是出现了权力的重构。其和权力相关的最重要的特点首先是去中心化，二是开放性，三是互动性，四是共享性、分层性、动态继承性等。新媒介的发展给社会组织提供了更大的发展空间。互联网增权和社会变迁与转型密切结合的时候，首先可以看到互联网增权在个人层面上改变了个体的态度、观念、认知、价值观和行为。在群体的交流和互动当中可以看到，现在更多强调的是交流、对话，甚至是妥协。消费者权利意识和权利的争取维护的成本在互联网环境中越来越低，这种变化也是新商业文明和新社会发展必须关注的一点。以互联网技术为依托的新媒介特质使其在信息供给上为消费者增权提供了新可能。

第四节　小结

通过对国际消费者权益保护发展历程的梳理，可以看到，绝大多数发达国家都经历了在市场经济发展初期的无序发展与野蛮生长，假冒伪劣、坑蒙拐骗的现象屡见不鲜，占据市场垄断地位的生产经营者置消费者的基本权益于不顾。随着消费者不断与政府、中介组织进行对话沟通，消费者权益受到了全面重视，并成为国际社会认可的共同准则。发达国家的经验说明，一个完善、有效的消费者权益保护体系不但能为消费者提供保护，而且能使经济社会不断自我修正与完善，形成有序且良性循环的经济体系，促进社会和谐发展。

对消费者保护政策和措施的探究，对我国今后逐步建立、完善消费者权益保护体系，包括监督惩处体系、组织机构设置以及与消费者的沟通机制、消费者教育等措施在内的完整的消费者保护体系，有很多值得借鉴之处：

一、完善多层级消费者保护系统

例如,美国既是消费者保护思想最早萌芽的国家,也是世界上具备完整消费者保护体系的国家之一。虽然拥有较为成熟的市场经济和社会治理体系,但在保护消费者权益方面,政府仍占据主导地位,发挥着不可替代的作用。

更值得肯定的是美国立法机关和政府与消费者之间的良性互动。政府与各级、各类消费者保护机构在受理投诉、进行调查、实施处罚方面全面协同,分工协作,织就一张遍布全国的消费者保护网。政府机构通过与民间组织合作,将触角延伸到社会系统、经济系统的各个角落,为消费者权益的实现提供了有力的支持与保障。

二、持续修正的法律体系

当消费者权益被侵害成为普遍的社会现象时,就要通过立法来解决这一问题。发达国家不论是海洋法系还是大陆法系,不管是制定了消费者保护的根本法还是相关法,消费者的各项权利保证都有法可依,一旦发生纠纷,可以依照相关法律细则进行处理。法律细则相较于笼统宽泛的法律总则而言,盲点和漏洞更少。同时,政府监管机构一方面严格执行已有法律法规,规范生产经营者的活动,打击垄断、欺诈等违法行为,树立执法机构的权威性;另一方面注重为消费者提供便利的司法服务和教育宣传服务,受到了消费者的普遍欢迎和信任。

三、便利简捷的消费争议解决方式

无论政府、消费者组织还是企业都设有专门的消费者咨询投诉渠道,为消费者提供便捷的投诉与争议解决方式。其中极具特色的方式是采用被称为"有史以来社会功用最大的救济方式"的集体诉讼制度。通过集体诉讼方式解决消费纠纷，不仅节省了诉讼开支，而且提高了法院的工作效率，避免了分开审理可能导致的相互矛盾的判决结果。此外，调解、仲裁、小额诉讼法庭等多种争议解决方式，为消费者权益保护提供了高效的解决之道。

四、多元新颖的消费者教育

各级政府和消费者组织都倡导进行消费者教育，使消费者清楚了解法律赋予的权利，及时获得消费信息，并设置检测可疑商品的机构，增加投诉反馈的方式。在日本，政府不把消费者作为弱势群体来看待，不通过行政手段对消费者进行庇护，而将消费者作为市场中的主体，让消费者能够自主通过民事手段保护自己的权利。日本的消费者政策及基本理念反映了国际社会的发展趋势。强调消费者政策的推进，必须以"尊重消费者的权利"和"支援消费者的自立"为基本原则，且要与"确保国际社会连携"同时进行。这基本上是吸收了欧美 20 世纪 90 年代新自由主义的市场竞争理论及消费者政策转换的理念。这从另一个侧面反映出，消费者教育已经进入了一个更高的层次，消费者的弱势地位经过政府、社会等多个层面的努力得到了显著改善。

发达国家消费者权益保护的历程显示，在消费者增权初期，信息供给型增权可以发挥更大作用，即国家和消费者组织通过消费者教育等方式提升消费者掌握消费信息的能力。这种模式在维护消费者权益方面表现出了一定的优势，尤其是增强了消费者获取消费信息的能力和判断力。但是，随着市场化进程加快、经济发展水平提高和消费品日益多样化，仅仅提升消费者信息能力的增权模式显现出了其固有的局限性，以制度供给为主要内容的消费者增权模式能够更加有效地维护消费者的权益，这种制度供给模式的核心是通过严格的立法制度和执法体系来保护消费者的权益。

在政府的指导下,经过三十多年的探索与发展,我国已初步形成具有鲜明特色的消费者权益保护组织体系和维权网络,但同时也面临着消费者保护发展进程高度压缩、多阶段特征并存的局面。从运行机制角度来说,消费警示、消费宣传、信用公示、市场监管、违法行为处罚、"黄、红牌"控制制度等消费者权益保护的方法、手段正在不断创新;从组织体系角度来说,一个集行政保护、司法救济、消费组织、社会监督以及国际合作于一体的消费者权益保护网络体系正在不断完善。可以预见,随着中国扩大改革开放范围、深度融入全球经济,我国消费者权益保护将面临新的挑战,其运行机制和组织体系也将发生新的变化。经济转型与市场监管的内在要求,将促使消费者保护机制不断创新和完善。

随着消费对经济的促进作用越来越显著,跨境消费、跨国品牌维权等越来越频繁,消费者权益的重要性也越发凸显,而制约消费者权益保护的问题也将成为社会治理必然要面对的课题。在国际交往日渐频繁的背景下,在关系着消费者生命、财产安全的重要领域,消费信息的透明性与消费保护的一致性将对政府监管部门造成"合理的压力",形成广泛的、自发的消费者权益保护行动,形成持续性的舆论压力,也会最终推动政府和立法机构出台更有效的保障措施。国务院颁布的《消费品标准和质量提升规划(2016—2020年)》提出了社会各界共同参与的多元共治格局。2016年北京市工商局在引入行业专家援助机制后表示,将动员社会力量参与消费维权和消费教育引导,通过购买服务,鼓励行业协会、专业机构、测试机构提供正常的社会消费教育服务,促进消费者教育基地建设,增强消费者的理性消费水平。

在这些挑战和机遇中,对消费者而言,技术带来的增权空间将成为消费者提高自觉、自发能力的重要力量。互联网先驱尼葛洛庞帝曾预言,数字化生存天然具有"增权"的本质,这一特质将引发积极的社会变迁。在数字化的未来,人们将找到新的希望与尊严。互联网对社会中个体的激活,始于web2.0技术的广泛应用,自2004年起,Facebook、Twitter、微博、微信等社交媒体,以及随着移动互联网的逐渐崛起而带来的应用程序的大规模开发,激活了以个人为基本单位的社会传播体系的重新构造。依托互联网技术的互联网增权,在个人层面上可以改变消费者的态度、观念、认知、价值观和行为;在群体层面上,互联网增权在交流中更多强调的是互动、对话,甚至是妥协。在传统媒介的影响力不断萎缩的情况下,聚集着行业关键意见领袖(KOL)的新媒体崛起,网络成为消费者维权的重要渠道。互联网技术使消费者个体、群体和组织有了更多主动增权的途径与可能。

第四章　互联网对消费者信息供给型增权的影响

　　大多数发达国家的工业化进程与社会转型相伴而生,在经济发展的同时也历经社会组织对消费者权益的争取、消费者对自身权益的认知觉醒、政府对消费者权益的重视,以及保障监管体系的逐步形成、发展和完善。在这样的发展历程中,有社会治理观念的争论与更新,也有技术演进对信息透明化、监管手段先进化的推动。短短几十年之内,中国基本实现了工业化,但经济的迅速发展与社会治理水平的提升并不同步。不同于发达国家,在市场经济体制逐步完善的过程中,我国的消费者缺乏消费者权益争取、社会启蒙和动员的完整过程,认识自身权益与提升消费能力都需要经历更深程度的变革。以互联网为代表的信息技术在多个层面与节点上加速了这一进程,使消费者增权获得了前所未有的发展。

　　前文梳理了国外增权研究的两种模式与三个层次,就消费者增权这一具体问题而言,可以通过激发消费者个体的主动性,唤醒其权益争取意识来获取增权的内生力量,通过获取增权能力实现增权目标。外部力量的推动和促进,如国家制度保障、社会组织参与以及技术革新都能成为增权行动的推动力,通过外部力量的介入,形成与消费者群体内生力量的融合互动,可以达到持续增权的目的。对消费者群体而言,无论是激发个体内在意识和权能获取的主动增权还是外部力量推动的被动增权,要获得消费权益,都需要有意识地朝提升自身权能和社会参与能力的方向努力,通过个体增权再推及群体增权乃至组织增权。

Forrester Research公司曾进行过一次调查,研究人们在社交网络、博客、论坛以及评论页面中谈论产品和服务的频率。该调查首先统计发表言论者拥有多少关注者,并估算有多少人在阅读他们的文字,然后使用"Peer Influence Analysis"工具将这份调查映射至所有网民。结果显示,由于相互之间的交流讨论,美国消费者每年能产生5 000亿次的产品及服务展示量。这是一个巨大的数字,每一名在线消费者每年因为与其他消费者的互动而接受的展示量是2 841次。① 网络社区和论坛、微博、微信群、短视频和朋友圈都使消费者分享消费体验的渠道大大增加,并且能够与其他消费者产生即时互动。特别是消费投诉、索赔都可以经由自媒体发声,提醒其他消费者注意,也能使消费侵权事件获得更多的关注。互联网技术使信息传播以超越时空和广泛连接的形态极大地扩展消费者增权的空间。

第一节 互联网环境对消费者增权的重构

尼葛洛庞帝在《数字化生存》中提出,"我的乐观主义更主要地来自数字化生存的'赋权'本质"②。互联网带来的公共性传播解放了社会结构和制度中被遮蔽的信息,互联网环境下传统权力正在转移到更为灵活和无形的信息上,以"信息"为标志的权力形态已具雏形。阿尔文·托夫勒认为,互联网系统重新分配和再度传播信息之后,信息上承载的权力也将被重新建构,既有权力也会因网民个体掌握互联网空间拥有的信息传播权而出现分散化趋势,使权力发生转移和重组,而这些权力的归属始终在动态变化中。

---

① BERNOFF J.消费者赋权时代的市场营销管理[R/OL].(2010-10-25)[2016-10-29].https://www.forbeschina.com/articles/16657.
② 尼葛洛庞帝.数字化生存[M].胡泳,译.海口:海南出版社,1997:271.

一、互联网增权的内涵

权力建构于社会关系网络中,从社会关系的角度解析权力才能获知其意义。权力包括各种资源、权威、能力等,互联网时代应重新认识权力的含义。互联网增权指的是以互联网技术为驱动力,使互联网成为权力转移和重建的重要源泉与力量,它通过帮助网民个体获取信息、表达思想、连接群体从而采取行动,通过自下而上的形式推动组织权力革新,为社会权力结构与社会关系的改变提供了可能。

梁颐等人认为,赋权指的是个体通过信息沟通、参与决策来采取行动的实践性互动过程。通过这个过程,个体以及群体可以改变自身的不利处境或者提升权力和能力,从而达到使社会权力结构发生变化的社会实践状态。[1] 互联网增权从本质上说是一种信息增权,它带来的信息的可接近与可使用特性使得互联网成为民众互动与参与的有效工具,给民众提供了更多的表达方式和表达权力。在传统的行政沟通和人际沟通基础上,互联网重建了社会的信息传播体系,并与中国社会的经济与社会转型进程协同发展,促进了社会权力结构的重构。通过互联网增权,民众有可能获得共同意识,参与共同行动,推动社会的进一步发展。

互联网在某种程度上也可以理解为一种媒介。在媒介上应用的互联网技术最重要的特征是持续创新与整合信息交互,某种意义上这类媒介是对时空关系的延伸与扩展,有着跨越时空关系的传播特性,在日常生活中创造与传统的信息传播截然不同的形态,使增权成为可能。互联网技术催生的各类新媒介平台和传播形态,激发了被增权者的内在动力,增加了他们的自主性和独立性,赋予了他们自我意识和自我审视的能力,以及个人意见表达和行动的权力。

---

[1] 梁颐,刘华.互联网赋权研究:进程与问题[J].东南传播,2013(4):19-22.

互联网所提供的多形式的信息传播渠道和全开放的信息互动交换的环境,为弱势群体增权创造了新的场域。师曾志指出,互联网增权表现在三个层面:首先是信息,新媒介的增权使人们可以得到原来不可能得到的信息,不同时空的信息可以交融在同一时空,人们通过掌握信息来增强对社会的理解;其次是表达,社会公众有了个体表达的空间,能把个人的想法和个人权力付诸实践;最后是行动,互联网增权带来个体行动的可能与行动的能力,能推动公共政策和制度的变化。① 从技术发展、媒介形态及社会生态看,互联网增权将不仅仅集中在弱势群体层面,而将带动所有人推动社会整体的权力均衡。

芝加哥学派认为信息传播作为人类关系的本质,维系并创造着社会。互联网媒介不仅承载信息,而且随着信息传播方向的变化使权力在社会结构中树立和转移,并重构社会关系,从而在社会转型中深刻影响政治、经济、文化等的发展。在此过程中,经过个体自身主动增权模式或外力的推动,增权模式得以印证和实现,并逐渐形成一个潜在的互联网增权模式,即知晓权益—维护权益—提升权力/权能。罗杰斯等人很早就强调媒介在弱势群体增权过程中的作用,认为媒介向公众树立了赋权的榜样,激发了人们对某些涉及自身利益或公众利益话题的讨论,从而使人们在信息交流中形成认同,结为拥有共同目标和利益的群体。② 个体通过互联网进行信息搜索以及信息交流互动,了解自己的合法权益;通过学习和借鉴群体中其他个体的经验和做法来维护自身权益,进而在解决涉及自身的实际问题时,激发和提升自身权能,实现增权效果。

随着增权主客体之间关系的改变,增权在多种方向和层次上展开。从本质上说,增权就是个人或组织可以扩大或削减自身自主性和独立性的程度范畴。增权在个人层面上指的是自我增权或心理增权,它使个人主动获得某种权力/能力,或在特定条件下某种权力被其他主体授予个人,使其能

---

① 师曾志,胡泳.互联网增权及意义互联网的兴起[M].北京:社会科学文献出版社,2014:16.
② 丁未.新媒体与赋权:一种实践性的社会研究[J].国际新闻界,2009(10):76-81.

够反省、表达、采取行动控制不利于自己的局势,并能够做出有效决定。互联网增权增强了个体自我反思、自我批判、自我教育的能力,更重要的是赋予了个体行动的能力,这种行动所需的是在偶然的、不确定的、差异化的思想、观念、规则等挑战下进行倾听、表达、理解和判断的能力。自我增权是一个从少权到增权的过程。从经验出发到体验感悟,大众从集体自我向个体自我转变。自我增权不是个体在没有条件和资源的基础上自然地获得或被授予权力,而是个体通过学习、感知、借鉴和模仿获得自我意识和行动能力的自觉与提升。它需要个体从外部资源和他者身上不断获取信息和知识,通过内化理解和亲身体验,自觉抵制被孤独感和恐惧感环绕的屈从或臣服的状态。在自我增权的概念中,除了心理、能力上的增权外,还有态度、行为和行动上的增权。它既是对个体心理承受力的评判,也是对社会连接力的考验。

在互联网平台上,信息权力的转移使个体之间能够形成不同维度的关系弱连接,通过不同的兴趣点、价值观或者现实人际关系的映射分化重聚成各种小群体。群体增权构建于网络虚拟空间中,它既与社会原有权力结构关系形成一定程度的疏离,也在某种程度上促成现实社会权力结构的重构,是实现现实社会与虚拟社会的有效连接方式,也是整合既有社会关系和社会资本的基础,同时能产生和创造新的社会权力结构格局。此外,它还构成了组织增权的基础。其主要发端于社会已有的组织体系和权力结构中,成为群体增权影响和变革的对象。群体增权在改造原有组织权力结构和推动原有组织进化的同时,也有可能催生出新的组织形态和权力结构。群体的成熟会形成一种倒逼机制,不断提高对组织的要求。在这种主动增权与被动增权相互交织的情境中,互联网场域之间的权力交融和结构重组使互联网能够赋予想要有所改变的个体、群体以及组织主动行动的能力和空间,倒逼那些后知后觉或不想改变的群体与组织不得不改变。从社会结构上看,互联网增权的实现路径常常是自下而上的推动,在达到一定程度时出现自上而下的贯通,形成螺旋式的往复上升。

二、互联网改变信息传播的结构

(一)互联网集成多种信息传播媒介形态

互联网技术为信息传播提供了多种新型的平台与工具形态,而传播正是增权的催化剂。① 以网络为媒介的传播方式进一步打破了大众传媒与人际沟通之间的界限。"人人都可以成为麦克风。"自媒体是打破传统媒介组织化形态的传播者,具有草根化、自主化、普适性和灵活性等特征。它依托互联网平台,运用现代数字技术,是向不特定的大多数群体或者特定的单个人传递规范性及非规范性信息的新媒介的总称。这些新型传播形态也被曼纽尔·卡斯特(Manuel Castells)称为大众自传播(mass self-communication),胡泳则称之为共有媒介。而搭建在互联网技术平台上的各类商业交易平台某种程度上也是一个群体化的自媒体,并在技术不断变迁中,使商品信息生成、交易、物流传递、资金转移、售后反馈与服务集合于一体,形成多样态的商品信息集成组织,为消费者多元化的信息来源提供全新的信息传播渠道和信息呈现形式。同时,互联网核心要素之一的传播速度,决定了其想象空间和能量。速度中的信息传播与工具迭代效应使传播者与传播内容不断修正,为再传播注入了动力。它摆脱既有信息场域、交易空间、渠道传递的传统时空限制,在失控中获得超越现实场域的一种张力和自由,消费者正是在这个过程中实现了增权。

(二)互联网激发信息传播主体增权的潜能

互联网是否确能实现或释放其技术潜力来改变信息传播模式,重塑经济形态和社会结构,这有赖于"积极的使用者"。互联网技术对消费者本体

---

① 师曾志,胡泳.互联网增权及意义互联网的兴起[M].北京:社会科学文献出版社,2014:32.

增权最大的贡献,一方面在于互联网空间打破原有社会结构和组织体系对个体的束缚,使个体的才能、智慧和知识不再是孤立的生产要素,而成为互联网社交关系体系中的直接生产力。个体成为独立的行为体,得以跳脱出既有的组织框架,凭借自身的知识、经验、关系与资源,在关系网络中实现个体价值,共享群体资源,并能够使其壮大后反向影响原有的组织体系。互联网赋予个人的不仅有话语表达权和行动权,还有个人生存发展的社会资本与权力空间。另一方面,在于个人的内在需求、评价标准与价值体系逐渐主导技术与社会的发展,互联网进一步赋予普通人靠近政府等权威机构"后台"的权力,并作用于既有的社会结构。[1]

需要指出的是,互联网中的信息传播主体本身离不开既有社会的关系连接和权力结构,离不开现实社会中具体的实践与行动,也离不开具体的增权情境与增权动机,信息传播的发起与传递、传播内容的选择以及传播渠道的设定等,从来都是某种空间中权力结构的投射。这种投射不仅是个体和群体阶层的区分化,也影响到社会结构的区分化,成为原有社会分层秩序和权力产生的基础。

在利用互联网不断互动、沟通和思考的过程中,互联网重新构筑了一个新的信息传递和权力构建的空间。信息技术迅速扩散与应用,从BBS、博客到微博、微信,互联网能够在某些特定的场域打破原有权力形成的原则与规范,使个体获得新的权力空间,并连接原本分散、弱小的个体而形成不同取向的小群体,在一致性的价值观或目标达成的动机下采取共同行动,产生集体行动的效应。

松散的网民群体在互联网的重新连接和权能赋予的情境下,其自主性、独立性持续增强。群体共同体的规范、信仰与原则也在逐步形成。组织化是增权的高级形式,增权主体内部的组织化程度不断提升,增权主体对外辐射能力逐步增强。在群体增权阶段,随着松散、无序的群体逐渐向有相对固

---

[1] 喻国明,马慧.互联网时代的新权力范式:"关系赋权"——"连接一切"场景下的社会关系的重组与权力格局的变迁[J].国际新闻界,2016(10):6-27.

定形式、规则的组织形式靠拢,增权主体的对外辐射能力不断增强,影响逐渐扩大,所能借助的外力也越来越多。在这种不断解构与建构的过程中,互联网实现了对信息传播主体潜能的不断激发。

不可否认的是,随着互联网对民众生活的进一步渗透,个人数字轨迹在互联网中随处可寻。如何加强个体隐私数据保护,防范大数据造假、欺诈与"杀熟"等新型消费权益侵害行为,成为下一步需要关注的重点问题。

三、互联网重新建构消费者权力

麦克卢汉在《理解媒介》中指出,"任何技术都倾向于创造一个新的人类环境""人类有了某种媒介才有可能从事与之相适应的传播和其他社会活动"。互联网带来的权力扁平化与权力分散化打破了原有社会信息传导的结构,提升了传播效率,重构了信息传播的时空概念,把权力分散到更多的个人和群体当中。集成了多种媒介特点的互联网成为主导社会资源再生产与再分配的重要力量,尤其是移动互联网的出现和相关应用工具的普及,首先引发了个体与个体之间、群体之间连接方式的革命,使社会资源分配、权力格局、关系模式呈现出与以往社会形态迥然不同的结构特征。大工业—大媒介—消费者个体的信息传导方式以及政府监管部门的权威发声在某种程度上被消解,而分散的个体被重新连接,信息获取的方式与效率都前所未有。

以互联网技术为基础的信息增权,在改造商业信息传递、物流渠道、资本流动的基础上重构产业生态,并赋予人们经济行动的能力。互联网作为一种超越媒介形态存在的信息载体,激发了消费者的内在动力,赋予他们个人意见表达和行动的权力,赋予他们自我意识和自我审视的能力。消费者在网络空间拥有的信息传播权必然导致权力的分散化,引发权力转移。在利用新技术不断互动、沟通和行动的过程中,消费者的自主性、独立性和能动性不断增强,潜能不断被激发,使个人意见表达和富有影响力的行动成为可能。在思维方式、自我意识变革的基础上,多元的消费者个体通过互动形成群体意见,进而对组织化、制度化形成要求,同时对建立在维护基本权益、规范商业行为之上的共同体的要求也呼之欲出。

互联网的普及和应用还打破了消费者增权上的阶层局限。由于互联网渗透率的提高,对物流、资金流、产业链的整体重组改造,以及互联网商业交易平台持续的"下乡运动",原本局限在城市的产品消费迅速扩大化,商业平台上建立起的新型、统一的消费者保护制度使城乡间的消费沟壑得以进一步弥合。从总体趋势来看,互联网技术及其催生的虚拟社会对消费者增权是一个逐步推进并可预测的过程。在基础价值层面和权利意识方面,原本处于弱势地位的消费者群体无疑在知识和信息获取、消费体验和权利实现方面有更大的满足感提升,受益最多,消费者个体得以深入而广泛地参与消费社会的信息和决策互动。然而在更高层面的价值获取和影响力形成扩散方面,由于需要主体能力及环境条件的保障,拥有更强社会关系或者在某一领域具有专业技能的意见领袖群体受益更多。

因此,互联网技术演进所带来的这些特质使消费者群体得以实现自我增权:从信息被动接收到主动参与生产,传播的权力开始转移,以信息为物质外壳,以互联网为传播渠道,社会化媒介的广泛应用改变了传统媒介形态下所形成的传播格局。话语表达的方式和信息传播权力的主体地位被重置,在社会成员中不断传递,形成了强大的影响。这种权力包括媒介使用的权力和信息传播的权力,进而使信息所搭载的权力结构发生了改变,社会资本和传播资源、群体关系网络在网络空间得以重新分配。这种权力的重构在某种程度上促进了消费者保护的社会动员和消费者社会化的进程。同时,这种密集的信息供给和更有效率的信息互动也强化了消费者教育,提高了消费者权能。通过主动地参与信息权力的重构,消费者及其连接的小群体通过共同行动将有利于消费者的信息传播出去,阻止不利于消费者的信息的传播,一定程度上遏制了制造商、销售商有意识地侵犯消费者利益的行为,减少了消费者的损失。

互联网公权与私权界限的融合以及边界的流动性，造成自下而上增权方式的多样化。无论是商业利益还是公共利益，着眼点都是权力的重新生产与再分配。互联网所塑造的空间强调存在相对闭合的权力链，无论是生产经营者还是消费者，行动主体的主张、重点、途径、来源等虽然不同，但都在不同程度上实现着增权。从商业的运作层面来说，在消费者获得具体产品或服务的同时，互联网也能够通过提供交流平台和应用工具使其提前参与到产品和服务的设计工作中，成为生产消费者（prosumer）。生产者与消费者的新型连接构成了新的群体——品牌社群，形成围绕品牌人格化价值观的社群关系链。在这一过程中逐渐迭代升级的行动、规范与逐渐形成的生态效应使政策改变成为可能，进而影响到组织增权。

在互联网给消费者带来的增权空间中，从个体消费者的自我增权到工具化、平台化、组织化的群体增权，随着互联网技术的进一步变革，消费者信息增权的可能性也提升到一个全新的水平。我国将更有可能先从信息供给型增权上为消费者权益的全面提升争取新的变革动力与保障条件。

第二节　消费者信息供给型增权的路径选择

消费者权益无法充分实现的原因是市场存在着天然的信息不对称。市场交易主体双方在信息占有量上存在显著差异，这种差异造成了信息不对称，导致经济交易中存在风险性。消费者因为在产品信息占有上处于劣势地位，依据产品外观或过往经验对产品的内在质量和实际价值进行猜测。消费者在这种情境下做出的购买决策不一定可靠，在交易达成的过程中存在购买风险。

消费者缺少相关信息意味着购买决策将面临较大的不确定性。消费者不可能成为所有商品领域的专家，不可能完全了解市场上相关产品的所有信息，而对机会成本的考量也使消费者需要在对时间、注意力和资金成本的权衡中迅速做出购买决定。信息不对称的存在也给生产经营者的营销带来了困扰。企业提供的产品能否以合适的价格出售,最终的结果依靠消费者对所占有产品信息的主观判断,产品和服务的质量和价格匹配度如果不能被消费者所认可,便不能转化为企业利润。

在现实的自由市场经济交易中,信息不对称现象可能会导致市场资源最优化配置被扭曲。信息占有优势方可能会出于自身利益最大化的考量,违背职业准则和道德操守,做出不利于对方的信息隐匿行为,误导对方的判断;而信息占有劣势方由于不能准确获知关于商品质量的有效信息,在商品交易过程中可能做出"逆向选择",即出现"劣币驱逐良币"现象,使得致力于提高产品质量的生产经营者无法获得市场认可,进而获取相应的利润以维持持续性的生产。这两种情况都会造成市场资源的错配,造成市场失灵和不良的信息传递,导致社会资源利用无法达到相应的效率和效益。美国经济学家迈克尔·斯宾塞(Michael Spence)在描述信息传递理论时指出,为了避免逆向选择和其他相关后续问题的发生,市场中的信息占有优势者更应关注如何将信息"信号"有效地传递给信息占有劣势者。满足消费者对质量信息的需求、解决信息不对称的办法之一是实现信息共享,但信息共享面临着信源可靠度与信息传递效率的障碍。一般情况下,不同利益相关者,即生产者、消费者和监管者的利益诉求不同,这会使得三者难以相互信任。此外,信息垄断与沟通渠道的屏障也会使信息共享变得异常困难。

在互联网时代,消费者增权空间的出现,有着深层次的社会情境和消费心理原因。在我国消费者保护的发展进程中,互联网技术深刻改变着信息流、物流和资金流的效率分配,其资源配置主体关系网络的不均衡状态是网络信息流动呈现新结构的催化剂。与农业社会、工业社会相比,网络社会在技术逻辑渗透社会以及重塑社会结构的进程中,上述三种社会关系网络在基本格局、交往逻辑、资源配置主体、基本单位、权力模式等方面存在着较大的差异,具体见表4-1。

表 4-1　三种社会关系网络之比较[①]

	农业社会	工业社会	网络社会
基本格局	差序格局	团体格局	去中心化网络格局
交往逻辑	人情交换	科层治理	信任、协商、合作
资源配置主体	血缘、地缘圈子	国家、组织	互联网关系网络
基本单位	宗族、家庭	单位	个体、自组织群体
权力模式	自上而下	自上而下	自下而上

在互联网逐渐重塑社会结构的进程中，我国仍处于社会主义初级发展阶段，各地区、城乡之间的经济发展水平不均衡，三种社会形态的权力模式并存，中产阶层还处于培育阶段，因此在这一时期遇到公共资源分配不均、基本保障不到位、信任缺失等制度性问题无疑会影响对消费者权益的保障。然而，互联网的普及并不意味着所有的个体和组织都能够同等程度地享受新技术带来的价值。由于国家经济制度安排或者个体在动机、兴趣和能力等方面存在不同，信息技术在社会各阶层或群体之间往往具有不同的扩散速度，不同的个体、群体和组织在对信息传播技术的接触、使用和采纳上往往存在差距，这也将造成信息权力新的不平等。

在传播史上，每一种信息传播形态的背后都包含历史机遇、制度规制、经济水平、技术进步和社会变迁的共同结果。从信息不足到信息过载，信息生产力与生产关系的变化也是互联网时代信息传受关系变迁的深层原因。在生产力与信息产能相对过剩的环境中，由于互联网技术的推动，消费者由被动接受信息转变为能够主动选择信息，甚至成为信息传播主体。消费者在参与信息传播之后，也渴望进一步掌控与提升自我权力。互联网是具有时空延展性的信息内容和传播渠道的结合体，信息、渠道、工具、交易等层面的变革为消费者带来全新的权力增长空间。比起传统的信息传播形态，互联网所形成的权力关系呈现出以下显著特征。

---

① 喻国明，马慧.互联网时代的新权力范式："关系赋权"——"连接一切"场景下的社会关系的重组与权力格局的变迁[J].国际新闻界，2016(10):6-27.

一、信息来源的广泛性与多元性增权消费者

消费者统治的经济学观点认为，消费者会通过货币工具与能为其提供最大化效用的企业进行价值交换。消费者的货币交换选择其实就是一种对消费者奖惩权力的运用，这有赖于完全竞争的市场条件给消费者充分的信息增权。由于市场垄断和信息不对称现象的存在，消费者没有自主选择的可能，也就无法行使其奖惩权力。

全球化市场和电子商务的发展使商品交易跨越时间和地域，无论是信息还是商品供给，消费者被赋予了更多的选择权力和议价空间。以互联网为主要依托的信息传播平台能够搭载无限制的信息，且信息来源多样化，消费者能自主选择获取商品或服务的信息和知识，并能够连接意见领袖获取专业建议。相比于传统信息传播环境下被动的信息推送，消费者通过互联网能够搜寻、分享商品信息，掌握实时的资讯内容，储备丰富的商品知识，在信息采集和运用上掌握主动权，提升个体主动增权的能力。搜索引擎借助对网络平台爬虫技术、对关系资源的把握和对规则的应用，将每一个个体智慧和知识来源集合为可随时更新的信息库，这就是基于关系资源的信息知识生产的新方式。在这些搜索引擎的信息集成下，消费者可以获取海量消费知识与决策参考意见。

互联网平台上自媒体的传播主体来源广泛，且在特定行业中具有较强的知识和资讯把握能力。相对于传统媒介平台对个体从业人员话语权的消解和媒介作业流水线体系的固化，在一定程度上，自媒体传播主体对于消费信息的综合把握可以更细微、更敏锐、更切合实际。他们位于信息生产尾部，其专业水准在多数情况下并不比位于头部的传统媒介把关人差，甚至还更有优势。在互联网的信息分发优势下，在特定的单一领域他们甚至能创造出超越头部媒介平台的影响力。在网络平台上，各种掌握话语权和专业技能的意见领袖与在某一领域消费经验丰富的"达人"可以超越原有的时空

局限和利益关联,通过各类网络平台即时而持续地传递消费知识,为消费者更便捷地获取产品知识与识别技能提供了可能,在某种程度上可以增强消费者购买行为的科学性。

二、沟通过程的即时性与互动性增权消费者

互联网的即时性使各种价值观点的碰撞和交流变得更加直接和真实,消费者可以把现实生活中难以表达或无力实现的利益要求诉诸互联网,通过与其他消费者的交流,消费者个体能够获得知识和经验。各种依托于互联网特别是移动互联网的应用工具为面临不同消费场景的消费者提供了便捷的解决方案。这些功能能够化解买卖双方信息共享的矛盾,有效缓解信息不对称现象对市场要素的扭曲。可以说这些移动互联网应用在某些方面提升了消费者作为信息占有劣势方在交易中的地位,改变了消费者被动的信息获取方式。从信息咨询、价格比对到供需撮合、即时支付,都实现了效率与效果的有效提升,极大地提升了消费者的知情权、选择权、受尊重权等。

鲍比·J. 卡德(Bobby J. Calder)提出了参与体验理论。[①] 参与体验理论认为,在互联网平台上,消费者实际上从原本的被动者成为参与者,每个人都拥有信息传播的过程。在群体传播中,参与者是特征各异的群体成员,以多对多、交互、分享式的传播为主,个体对信息的获取通常都是主动搜寻或主动定向订阅。新的智能分发技术通过大数据分析,允许算法收集偏好实现信息智能分发,将改变信息获取的传统方式。目前该技术已经有一定的应用,并逐渐催生了更多的信息流推送形式。由于互联网对关系网络的重建,各种小群体层出不穷,群体成员沟通、互动的紧密程度远高于现实中消费者群体的互动程度。这种"一对一、一对多、多对多"的传播关系所形成的圈层式的信息反馈,远比单向的链式反应更有冲击力。同时,互联网能够迅

---

① MALTHOUSE E C, CALDER B J, TAMHANE A. The effects of media context experiences on advertising effectiveness[J]. Journal of Advertising, 2007, 36(3):7-18.

速消融生产者与消费者之间的界限,产生"生产消费者"。消费者通过互联网与生产者进一步连接,介入到产品开发、宣传的过程中,甚至主动增加产品的附加值,有利于双方形成良性互动,巩固消费者对品牌的忠诚度。主动参与传播是消费者实现增权的必然结果,消费者的消费技能与经验在完整的参与过程中得到了加强。

互联网信息沟通的效率还使消费体验可获得即时分享与反馈。对于不能为消费者提供价值匹配的企业,消费者的口头抱怨在传统的社会权力结构下影响范围有限,也无法运用奖惩权力来影响企业。也就是说,在原有的信息结构环境下,单个或者数量较少的消费者无法与企业形成势均力敌的抗衡,消费者维权有赖于各部门的通力合作。而互联网除了拥有电子商务平台的评论、评价体系外,微博、微信以及新兴的直播平台等几类最具影响力的社交媒体平台也根据不同行业、兴趣形成了社群,成为强调产品体验与购物经验分享的重要平台。作为全球最具影响力的社交媒体平台之一,微博月活达到3亿,50多个垂直领域中有20多个领域的月阅读量破百万。大量个人用户、企业、行业KOL、媒体、机构等都活跃在微博中,微博成为连接消费者和企业的重要平台。微博用户消费维权的一般模式是,微博用户"吐槽"或曝光侵权行为,媒体账号或"大V"转发相关信息,从而引发微博用户的关注和讨论,继而企业或有关部门对相关事件做出回应和处理。微博成为消费者重要的维权平台,大量消费者通过微博发声维护自己的合法权益。此外,微博还连接企业、消费者和行业KOL,成为消费者教育及引导消费决策的重要平台。除了微博平台外,各类社区、论坛以及电商平台、企业都十分重视消费者意见的聚集以及后续效应。越来越多的企业开始投入建设自媒体矩阵并自制内容,希望利用互联网社群了解消费者的消费体验,与消费者建立紧密的互动关系,提升品牌的美誉度与用户的忠诚度。

三、商品交易的便捷性与保障性增权消费者

电商平台以及跨境电商的发展使商品购买变得更加便捷,不同于传统模式中的层层中介,依托于互联网的电商模式减少了中间环节,从而减少了利益共享者。物流体系的联网信息化也使商品流通信息的及时性与透明度迅速增加,依托于互联网金融技术的电子支付手段带来了场景消费的提升。同时,随着定位技术的发展,O2O(online to offline)作为结合线上信息与线下短距离物流的商业模式,使餐饮、医药、家居、美甲美发、家政、电影购票等民生服务实现了跨越式发展。此外,视频直播平台的出现,使农产品、餐饮产品的生产过程得以实时呈现在消费者面前,满足消费者对安全、品质及服务的需求。

随着消费者权力在互联网中的全面提升,许多生产经营者为了提升竞争力,开始实施"以消费者为中心"的营销战略,这也可理解为某种层面上的消费者增权战略,如为消费者提供产品的定制化或部分定制化服务。随着智能技术、3D打印技术的发展,未来由消费者参与生产制造过程、扮演"生产消费者"角色的比重也将逐步加大。这种企业赋予消费者的权利可以被认为是增加消费者的法定权利。虽然生产经营者与消费者在此并不存在隶属关系,但消费者增权战略的实施意味着生产经营者在进行营销活动时必然更重视消费者的意见、认可消费者对生产经营者运营政策的影响,消费者的地位和法定权利得到进一步提升,消费者在交易环节中将获得更多的尊重。在互联网增加信息透明度、交易便捷度、反馈及时度的情况下,消费者将获得更多的信息权利。这类消费者增权归属于企业主动让渡权利,也是企业有意识的营销活动,给消费者增权的目的主要是提升消费者的满意度。

发端于 2003 年的电子商务平台淘宝网的发展历程被认为是彻底颠覆购物体验的一个代表。2003 年 5 月 10 日,C2C 平台淘宝网创立。同年 10 月 18 日,淘宝网推出第三方支付工具支付宝,以担保交易模式取得消费者对网

购的信任。在 2004 年的互联网市场,淘宝网还未引起人们的注意。2020 年淘宝网和由其衍生的移动支付工具支付宝已位列最常用的 App 前十名。它们的存在证明了一种全新的互联网商业生活形态,即互联网不只作为一个信息沟通的平台而存在,同时也成为影响人们经济生活的基本要素,最终渗透进消费者生活的各个角落,构建了互联网生活模式。

从商品信息提供、交易流程设定、支付方式创新,到售后服务保障以及物流体系贯通乃至个人信用体系的搭建,淘宝网搭建了一个电子商务生态圈,从信息流、资金流和物流体系逐步入手改造升级原有的技术系统,建立了诸多行业创新商业交易规范,极大地变革了内地的商业格局,提升了消费者的购物体验,切实保障了消费者权益。2011 年,阿里巴巴公司将旗下三个业务板块拆分为三个独立的公司,即聚焦消费者商品交易业务的淘宝网、以商家组织对消费进行销售的商品交易服务平台天猫商城和一站式购物搜索引擎一淘网。在淘宝网以及后来成立的天猫商城的发展历程中,它们创造了影响巨大的消费者权益保障和提升的工具和规则:

一是支付保障。通过与商业银行和结算系统合作,支付宝成为中国第一个保障网络交易安全的资金支付结算产品。其研发初衷就是解决网络欺诈和退货不便等问题。它的出现保障了买卖双方的交易安全,保证了买卖双方的利益,同时运用评级机制来赋予诚信的企业优先展示的权利。这种企业信用体系的建立为个人征信体系的建立奠定了基础。支付宝的做法将"信用价值"落到了实处,使中国电子商务行业的诚信水平有了有力的支持工具,同时也给中国电子商务诚信体系的建立打开了一个全新的局面。随着移动互联网与线下经济联系的日益紧密,以及手机支付向线下支付领域的快速渗透,半数网民在实体店购物时使用手机支付,极大地丰富了支付手段。

二是信用体系与售后保障规则。淘宝网的实名认证、公开透明的买卖信用评价系统、保证金先行赔付制度、商家违约责任保证金为交易者提供了无忧保障,基于此形成了目前国内最大的个人消费信用体系——芝麻信用。

淘宝网同时提供可供卖家选择的七天无理由退货、消费者保障服务、运费险等,用于买家甄选商户。对于商家的评判,淘宝网采用动态、透明的评分以及可方便查询的工商登记信息服务。随着智能技术的发展,淘宝网引入了更多智能化的咨询、售后服务,极大地提升了用户的购物体验。

三是物流信息的集成。在我国,由于东西部经济差别与城乡差别,物流基础建设不均衡,2013年阿里巴巴与五大主流物流快递公司以及相关金融机构展开合作,推动"中国智能物流骨干网"即"菜鸟网络"的建设,希望通过大数据和社会协同,以数据链接合作伙伴,以协同提升物流效率,在5至8年的时间内建立一个开放的社会化物流枢纽平台,建立起一张全面覆盖国内外、城乡以及主干网及末端的全链路物流网,实现全国范围内24小时可送达的目标,共同打造面向未来的中国商业基础设施。2016年,菜鸟网络联合12家快递公司和丰巢等8家自提柜企业,建成全国最大的快递自提柜服务平台,打通了物流终端的最后一百米,使消费者可以方便地获知包裹位置,自行在社区、单位的自提柜自助提货,提高了收货效率。近年来,随着在线购物的品类扩充到生鲜,物流体系得到了进一步升级。

四是消费教育。淘宝网通过设立服务中心、试用中心、虚拟社区为消费者提供方便易行的问题解决服务和消费体验。通过分类明确、功能清晰的四大板块对消费者进行引导,实现消费者之间的学习分享和企业对消费者的信息供给型增权。随着短视频和直播技术的出现,以淘宝直播为代表的电商平台能够更直观地提供商品信息,2019年因此被称为电商直播元年。未来随着AR、VR技术的普及应用,消费者能更全面、立体地了解商品的信息。

四、群体自组织信任与协同机制增权消费者

增权作为一个社会过程,离不开信息的沟通和人际交流,所以它与人类最基本的传播行为有着天然的联系。① 伴随着互联网技术的发展,社会中由传统媒介把控的信息流动的主导权已经逐渐被互联网平台的人际传播、群体传播和大众传播并行所取代。其中互联网群体传播的特征突破了以往熟人圈群的模式,显示出完全不同的特质,并因应用工具的创新呈现出丰富的形态从而传导至其他传播模式。不断升级转化的群体传播及展现出来的特质不断推动媒介传播方式、商业模式和社会信息权力结构的变革。

  社交网络的开放性和连接性能够将分散在各处的微小且异质的消费个体聚拢起来,连接成为松散的消费者自组织群体。个体之间信息沟通的交互与协同,形成了信息间的互补,汇聚成群体的智慧,并激发单一个体共享其消费行为。在无远弗届的互联网中,单一个体的力量是孤立、微弱的,但网络所具备的开放性和包容性,使这些分散的消费者可以在形成共识和信任的基础上展开交互,彼此间实现有效激励和相互校正。个体智慧汇聚在一起转化为群体智慧的可能性大幅增加,个体价值聚合为强大消费者权力的效率大大提升。协同效应可以提升个体的影响力。互联网平台上群体传播的特点是去中心化,这意味着这种传播形态消除了传统信息传播的权力中心,弱化了传受双方的不对等地位,让差异化的个体能够相对平等地参与到传播过程中来。这种弱连接形成的关系是互联网空间与现实社会协同演进过程中出现的群体现象,通常在具备嵌套性关系网络的社交媒体中发生,个体在互联网平台大规模的信息生成、传播、交互和共享中自发地协同合作,消费者个体的力量在无限连接中被聚合和扩展,获得表达和行动的权力。但是,互联网的信息传播结构中也存在"幂律法则",少数中心节点往往拥有比其他个体更多的社会连接。这种嵌套性网络结构下形成的意见领袖是信息传播的中心节点,其接触度和到达率远高于其他个体,其辐射力和社会影响力更强,在消费者群体中扮演着"信息流和影响流"关键节点的角色。这种传播形态不仅将现实中的社会关系嵌入社交网络,还承载了大量个体

---

① 丁未.新媒体与赋权:一种实践性的社会研究[J].国际新闻界,2009(10):76-81.

和小群体弱连接的信息输入和输出,成为群体传播中的枢纽。

互联网的开放特质容许个体在这个庞大的信息传播系统中独立生产和传播各类信息,并与不同的个体或小群体连接进行交互分享。个体基于简单规则的信任关系与协同行动,是这一信息传播系统得以进化的源源不断的驱动力。大量兼具适应性和异质性的个体在互联网中碰撞,形成交互与协同,在几无外界力量干预的情况下,互联网在新的权力关系构成中呈现出令人惊讶的秩序和能量,而且这种适应融合与再结构化往往是群体传播者自觉但不自知的。在这样的环境中,传统的权威机构和垄断势力失去了在系统中的中心地位和对全局的掌控力,权力主导方由组织降为个体。现实世界的强连接与虚拟世界的弱连接在关系网络中互相映射和重建,实现了信息与资源在不同阶层间的交换与共享格局。网络空间因此生成的前所未有的传播氛围,反过来也进一步促进了消费者对打破权威信息权力结构的追求。

由单个独立消费者聚集而成的自组织是形成群体关系增权的基本单位和结构性驱动力。自组织的发展是没有特定外界力量干预的自演化,这是其与其他组织之间的最大区别。在网络虚拟社会中存在着大量互相作用的适应性、异质性个体。适应性是互联网中个体能够形成协同默契的基础,而个体间的异质性则让互联网个体与群体间的学习和分享更有意义,使自发演化而成的自组织群体在"和而不同"的氛围中创造"整体大于部分之和"的价值。随着自媒体主体的普泛化程度日益提高,个体转化为不同自组织的力量积聚得越来越强。

2009年以后,微博、微信等的蓬勃发展和智能手机平台的出现,使社会媒介化的程度进一步提高。随着社会媒介化进程的加快,公共领域与私人空间的边界开始被消融和突破。原有的社会权力结构中以传统组织化形式展现的社会权力结构和社会关系,逐步被互联网中的社交关系、社群关系渗透和消解。个体和群体身份认同的基础在互联网空间中也由自上而下的组织权力认同,向社群认同、价值观认同和情感认同等形式转变。社交媒体的出现使原本独立的个体消费者置身于一种新的关系网络中。消费者群体中存在大量的自组织群体，它们自我演变的动力来自网络内部的协同，而不是外在力量的干涉与控制。具备异质性和适应性的个体是关系网络的信息沟通节点，它们之间的交互作用是提升消费者自身水平和技能的一个新场域。原本弱势的消费者群体敢于也能够自主表达消费体验，更加自如地发表真实的观点而不至于投诉无门，其个人权益意识和自我抗争观念得以映射到现实世界，并可以持续强化。作为互联网上信息内容创造者和使用者的网民分享了原来由政府、企业和媒体牢牢掌控的信息传播权力，从而实现了自我增权。这种信任与协同机制的形成，使得互联网为弱势的消费者群体逐步实现知权和维权并最终增权提供了环境和机会。

第三节　消费者信息供给型增权变革的影响

信息技术对于无权者的赋权是参差的、流动的、错杂的，它催生了社会权力转移与转化。互联网给消费者带来的信息增权与其他形式的增权不同，表现在互联网增权不依赖于外部的权力授予和干涉，其增权的动力来自内生性的权力，是以个体的自我觉醒、自然心态和群体间的协同合作为本的。互联网对消费社会权力结构的颠覆、对消费者增权理念的革新、对消费者教育和行为决策的渗透都达到了前所未有的程度，属于消费者个体和群体的信息获得权、消费保障权和消费者选择的自由价值正在回归。

一、促进消费者自组织的形成

新世纪至今，互联网依托于电子通信设备的智能化和移动化开启了新的信息传播空间，与之伴生的应用工具以及以此促发的群体传播新形态和个体自组织化将引领社会权力的重新建构。参与改造的主导力量将不再是既有的垄断资源、大众媒介和科层化组织,而是互联网体系内信息的生产和传播及其塑造的组织形态。

互联网促使依托兴趣、价值观的消费者小群体之间产生连接。通过线上线下的联动,更多优质产品的生产者、中小微企业以及一些与消费者保护相关的公益组织获得了更多与消费者深度沟通的机会。这种沟通模式打破了原有的大工业—大媒体的信息垄断,使更多先进的消费理念(如公平贸易、绿色环保、公益互助)、小众但优质的产品能够与消费者对接,直接实现了产销合一。同时,该模式也为促进社会中消费者的互助互信、形成松散的第三方组织奠定了基础。这类社群协作也使更多独立的个体消费者能够连接起来为维权发声。此外还有众筹、定制等能影响更上游产业链的良性增长的互联网连接形式。当前中国消费者协会继续代表中国消费者发挥消费者组织的职能,但其历史使命和作用还远未充分发挥出来。民间消费者组织的发展和培育需要一个渐进的过程,其今后的发展有可能借鉴国外的经验,分化出消费者教育、维权投诉、诉讼仲裁、检验检测等具备不同职能、专业特性和鲜明特色的机构,进一步朝专业化维权方向发展。

二、推动经济与社会形态的更新

信息在经济中扮演着重要角色,促使生产过程、产品形态、流通渠道、消费方式等涌现出新特点。信息区别于能源和资本,是非对抗资源。分享有利于让更多人获得价值,促进分享型经济的繁荣,提高远距离沟通和协作的效率,能为广泛、高效和低成本的合作提供可能。从总体上看,互联网所承载的数据量持续快速增长,驱动着网络信息组织形式的变革,而当数据量的增长到达一定临界点时,信息结构的重组也就势在必行,从而推动经济与社会形态的更新。信息成为经济活动的主导因素从而产生结构性力量,消费者个体的潜能被释放出来,刺激新的经济模式的出现。

互联网能进一步缓解信息不对称,做到按需生产、缓和传统产业的结构性矛盾,即改变低价产品竞争现象,使其从数量增长型向品牌增值型转变。电商可以利用大数据优势,通过消费者权能的提升,提高消费者的参与度和认同感,调动他们作为需求端的力量,运用市场倒逼机制指导生产者、反向支持生产者。更多的消费者个体还可以通过自组织的协调方式,在不建立科层制组织的情况下参与大规模合作,使消费者个体的潜在价值得到极大释放,进一步催化生产者与消费者连为一体的共享经济形态。通过拓展信息连接,开展资源整合,孕育多元的新兴经济形态,如网络上的众筹、共创、共享等商业模式。遵循互联网平等互利的交往精神,一部分企业开始向"互联网+"转型,为消费者提供基本免费的平台服务,带给消费者更好的消费体验。同时商家充分运用社交关系网络的连接特性,延伸拓展商业服务范畴,强调和鼓励消费者参与以吸引和维系消费者,以便从中获取商机。不同于传统工业时代的管理模式对个体的异化,互联网对信息和人群的集成整合能力以尊重和强化消费者的个性特征为前提,以激活个体潜能为目标,与硬件设备、所处环境协同发展。尤其是互联网分享型经济,分离了所有权和使用权,使资源分配更加灵活,避免了资源的重复和浪费,实现了经济资源有机共享,获得各享其成的共享经济服务价值。

由于信息的流动性贯穿整个社会的日常运作,社会的方方面面体现出过去所不具备的新特征。信息悄然改变着它所触及的每个角落,直到天平逐渐倾斜,新的社会形态崭露头角。互联网在消费者教育方面有着独特的优势。"无知的消费者绝对当不成真正的上帝",消费者素质是消费者在商业活动中与生产经营者完成交易所需的基本知识和交易能力的综合反映。假冒伪劣商品的盛行、损害消费者利益的行为屡禁不止的主要原因之一就是消费者素质不高,部分消费者甚至缺乏基本的常识判断能力。无知导致无畏,也导致生产经营者能够轻易损害消费者的利益。改变这种现状的重要途径之一就是通过各种消费者教育手段提高消费者的判断能力,集结消费者的力量反击侵害行为,带动生产经营者营销活动水平和道德水平的提升。毋庸置疑,在短短的十余年时间里,互联网在消费知识分享、消费投诉维权、消费观念启蒙方面引发了颠覆性的变革。消费者信息供给型增权的不断深化将进一步传播互利共赢理念，引导消费者树立遵守契约等观念，在创新共享经济形态的同时促进人际交往信任，逐渐推动社会进步。

三、对企业营销管理理念的启示

消费者是生产经营者开展营销活动的决策制定起点和效果检验终点，所有的营销理论和实践都是为了满足不断变化的消费者。互联网是超级信息载体，也是一个较其他大众媒介有着更大触及范围的信息平台。消费者通过互联网能够实现其社会交往需求。通过掌握更多的信息和营销知识，消费者的专家权力获得感明显提升。消费者不仅可以更理性地进行选择，还能根据自己掌握的知识影响企业的营销活动。商业世界正在被同样掌握互联网信息权力的消费者所改变，生产经营者不再拥有绝对主导权，他们必须和利益相关者共同创造价值，顺应消费者增权趋势，与消费者建立信任与合作关系。

企业要学会将消费者看作一项宝贵资源。在传统市场运作中，生产者和消费者的纽带被分割，消费者的信息反馈无法得到企业的有效关注与回应。在互联网中成长起来的新一代消费者更加善于学习，如果企业懂得通过运用增权激发其潜能，消费者有能力也有意愿奉献时间与精力，借助包括互联网在内的更多形式参与企业的品牌传播和产品研发等环节，与企业共赢。企业通过在营销环节中实施增权战略，能够推动消费者尤其是意见领袖直接与企业沟通，表达对企业营销活动的看法并参与其中，增强对公司的认同感。消费者也期望企业能够提供更充分的信息和更好的消费体验，帮助其做出更符合自身利益的选择。企业可以通过分析消费者对权利的运用，利用互联网的信息沟通机制，制定相应的营销策略。

第四节 小结

信息即权力。乔·罗兰斯（Jo Rowlands）将权力分为四种：掌控权（power over）、产生新的潜力（power to）、群体过程产生的力量（power with）、启迪和激活他者的力量（power from within）。① 互联网对社会权力结构的重塑迥然于以往要素变革所逐步形成的社会制度、结构、关系的安排。互联网的出现不仅提供了一种新的信息传播渠道，更重要的是改变了传统信息传播的结构，重建了传者与受者的地位。技术的发展使信息获取不再只是被动搜索，而是基于用户的人际关系和偏好被主动推送和分享，信息组织形式更具有主动性和个性化的特征。线下的人际关系被更深入地接入互联网，信息分享变得更开放，网络空间越来越具备"现实性"，用户的真实特征映射到网络空间，互相嵌入。互联网尤其是社会化媒介所具有的开放性、互动性、去中心化、共享性、分层性、动态继承性等多种特点，使其重新建构了社会权力的结构过程和社会关系。这在于超越时空的信息流动与更新，有自我结构与重构的特性、行动与能力，使原有的社会权力出现转移与转化。

技术增权是外生力量，归根结底仍需要个体内在的自我意识与行动的提升。网络空间作为一个虚拟的社会权力空间，与现实社会相互影响、相互渗透、相互作用。消费社会的权力建构需要考虑消费者、生产者、政府组织以及更多社会主体的介入，也需要思考各种互联网场景间以及现实空间与虚拟空间之间权力的互动与制衡关系，还需要关注超越时空的信息卷入与群体参与。对消费者而言，互联网不仅意味着信息获取、交易方式以及监督维权方式的革新，本质上也意味着由信息流、物流、资金流的颠覆式革新所

---

① 师曾志,胡泳.互联网增权及意义互联网的兴起[M].北京:社会科学文献出版社,2014:31.

带来的思维方式与行为方式的改变。在互联网技术所形成的虚拟市场中，互利契约原则更加被推崇，共享信息、知识、情感、理念等行为在网络传播中随处可见。互联网使人类重新走向麦克卢汉所预言的"再部落化"，消费者互助交往关系重新焕发生机与活力，促进了经济与社会的进步。

在互联网的推动下，消费者增权在很大程度上建立在个体被激活之后，且与这些个体所形成的松散群体在虚拟空间中的聚集效应有关，聚集效应对现实社会产生了新的共振，这种影响力的强弱落脚于网络关系资源利用的规模、质量和模式上。互联网重构的社会平台和市场平台能够更好地尊重消费者个性，创新关系资源的运用和整合模式。而组织增权虽仍不失为一个重要的增权力量，但其作用日渐式微，这已经成为互联网经济下显而易见的趋势。

新技术应用门槛低，但技术鸿沟仍然存在。毋庸置疑的是，网络依旧是存在权力结构的，其中存在不均等、不平衡的势能。但是从互联网给消费者带来的长期影响来看，它强调的是在权力结构、交易过程和关系群体在跨时空中建构权力的可能性。权力结构意味着强势生产者与弱势消费者的差异的弱化与身份的转化；交易过程则是一个消费者不断获取权能的过程，是消费者潜能被激发与权力实现的过程；关系群体是指消费者不同的、新颖的思想观念会成为一种资源，产生权力效应。在中国，互联网技术与社会变迁和社会转型紧密结合，个人层面上可以看到互联网增权改变了个体的态度、观念、认知、价值观和行为；群体层面上则呈现出更多交流、对话、碰撞甚至是妥协；组织层面上可以看到社会变迁和社会关系的重组，它们不断被重构再造，进而被制度化。这几个层面是递进的，但又是相融的，这些方面的综合效应将会对中国社会变迁和转型有巨大的推动作用。

互联网被时代赋予的使命和在社会变迁中所扮演的角色，在我国特有的体制背景下有着更为重要的意义。即使存在数字鸿沟，互联网的发展也使消费者中的绝大部分受益，同时有助于那些不易接触到互联网的消费群体努力改善生活品质。在具备一定条件的情况下，互联网对消费者、企业与政府三个层面都进行了增权。消费者在互联网上的互动及其对企业、政府的信息反馈,将重塑消费者保护格局。政府监管机构则能够利用互联网来提升治理水平,使全体消费者受益。在消费者增权这一主题上,互联网在推进信息供给型增权的同时,也将促进制度供给型增权。

第五章 互联网对消费者制度供给型增权的推动

随着科学技术的发展,现代信息技术逐渐普及并融入人们的日常生活之中。信息传播权力的去中心化由大众群体的分化所致,公众及个体内化的差异化观念、经验等日益成为总体社会观念和价值观的构成部分。传播不仅仅是信息的传递,也是信息再生产不可或缺的部分。个体的内在需求、价值体系和评价标准逐渐主导技术与社会的发展。同时,互联网进一步赋予个体连接政府、生产经营者等的权力,个体在信息获得与言论表达方面的平权化,使原本分散和微弱的民间力量在互联网中得以连接、聚合,并扩大权力重构的协同效应。

哥伦比亚大学校长李·鲍林格(Lee C. Bollinger)指出,当前有三种力量在改变世界的进程:一是全球化进程中不断发展的经济等;二是具有强大动员能力的政府行为将在数十年后使世界呈现出另一种面貌;三是网络沟通,在人类发展史上,它为世界任一角落的个体提供了前所未有的即时沟通的可能性。① 新兴技术的革新往往为社会改革者带来乐观主义的期待。互联网增权在中国的意义,不仅是简单地增加弱者的权力,更重要的是能够激发民众,使每一个个体、群体、组织能够对公共利益和公共服务做一些力所能

---

① 师曾志.公共传播视野下的中国公民社会的发展以及媒体的角色:以汶川地震灾后救援重建为例[J].传奇·传记文学选刊,2009(1):15-20.

及的事情。社会组织和社会自组织对社会的转型是非常重要的,倒逼政府在制度变革、社会治理上进行多方面的改变。

第一节 国内消费者保护体系面临的问题与挑战

近三十年来,通过各方努力,消费者保护的制度更新与行动实践得到了持续推进。在保护消费者权益的实践基础上,我国消费者的维权观念和意识在深度和广度上都有了进一步发展,投诉维权的意愿和行动都有所增加,消费者开始自觉地使用法律武器进行自卫。在物质逐渐丰裕之后,科学、合理、健康的消费观念开始在一部分消费者脑中扎根。在国际经济文化交往日益频繁的今天,中国消费者对个人权益的争取正在成为主流。

梳理我国消费者保护体系建立的历程可以看到,在短短三十多年时间里,随着经济的迅猛发展和改革开放程度的加深,消费者保护工作取得了长足进步。但也应看到,在我国经济、社会转型时期,消费者保护尤其是关系重大民生的消费问题也面临着亟待解决的问题。

一、风险社会来临

20世纪80年代,以德国学者乌尔里希·贝克(Ulrich Beck)为代表的学者提出的"风险社会"概念,使人们以新的视角重新审视传统的风险观念,并开始在立法和政策制定中发挥越来越重要的影响。风险作为人类活动和科技发展不可避免的衍生物,在表现形态、特征概括和影响范围上更难被预测和把握。例如,食品安全领域的疯牛病、转基因食品安全等问题一旦形成,其风险的影响范围更广,破坏的严重程度也更高。

在过去的数十年中,国际社会在风险处理的方法上达成了共识,即通过建立风险识别、分析和评估框架来处理重大危害问题。风险社会理论还使人们认识到，人类的生存现实之一就是需要随时应对可能发生的各类风险，在无法彻底消灭风险而只有可能预防性减少或削弱风险危害的情况下，应该以更加克制和理性的态度来面对这个问题。近年来，在我国的消费品领域尤其是食品药品安全领域屡屡出现恶性事件，严重损害了消费者的生命安全与身心健康，引起了社会各界的强烈关注与高度警觉，更加凸显了保护消费者权益是一个关系全社会共同利益的系统工程。但即使是消费者安全立法和食品安全监管制度相对完善的发达国家，亦不可完全消除此类不可预估的风险。随着消费领域的升级，新的消费者侵害行为开始出现，特别是在服务消费领域表现尤为明显。因此，正视风险的随机性和不可回避性，完善消费产品风险预警和分析体系，强化消费风险处置决策机制，提高对新兴领域潜在风险的敏感性和对突发情况快速处置的能力，是监管系统在消费者保护过程中必须努力做到的关键点。同时，还需要强化市场主体责任，加强数据监管能力建设，提高新产品检验检测、重要行业领域新风险防范、网络信息技术产品和服务安全审查等技术水平，完善涉及民生安全的危机预警机制和防范体系。

全面建设小康社会将使科教更加进步、文化更加繁荣。随着发展型消费、享受型消费在消费中的比重越来越大，消费者除了提出消费者四项基本权利以外，对受教育权、索赔权等权利的重视和要求也有所提升。政府、企业与相关社会机构等增权主体应因势利导，充分采用现代技术手段，大力开展消费教育，引导消费者科学合理消费，推进消费知识、消费维权法律知识进课堂。此外，教育形式的多样化、教育主体的多元化、文化科技消费的扩大化，也对增权主体提出了新的要求。相关主体必须认真研究这些新兴领域消费和消费维权工作的特点和规律，全面履行法定职能，切实保护消费者的合法权益。

二、监督执法不力

从我国消费者保护体系建立的历程来看,消费者保护体系的建立历程较短,媒介社会动员不足,在道德观念与价值观念方面并未形成共识,缺乏广泛的第三方专业组织和多元化消费者组织的参与,在经济迅速发展的同时又面临发展水平的严重不均衡,监管体系的监督执法能力在实际工作中不能完全发挥实效。

(一)监管功能缺位

在与国际接轨的目标下,1987年中国消费者协会成为我国官方授权管理下的消费者保护组织。但在政府行政组织建设层面,一直没有设立处理消费者事务和行使消费者保护职能的专门行政机构。作为具体分管市场秩序和涉及消费者权益保护事宜的各级工商行政管理机构,其长期未设置与保护消费者合法权益相关的分支机构或部门。1994年版《消费者权益保护法》第28条规定,各级人民政府工商行政管理局应依法依规在职责范围内采取措施,切实保护消费者的合法权益。但直到20世纪末,我国外贸行业受到了东南亚金融海啸的冲击,启动内需市场、优化消费环境成为当时政府的政策导向,至此消费者保护政策的调整才被重提。1998年,经国务院批准,国家工商行政管理局增设消费者权益保护局,我国才开始在各级工商行政管理局设立保护消费者权益的专职机构,将消法中的有关法条落到实处,将保护消费者合法权益正式纳入各级工商行政管理局的职责之中。

在信息产业部的大力支持下,国家工商行政管理局在1999年3月15日开通了全国统一的消费者申诉举报专用电话"12315"。依托"12315"专用投诉电话系统,国家工商行政管理局开始建立更立体的消费者投诉维权通道。查处侵害消费者权益的案件和制售假冒伪劣商品等违法行为,管理市场秩序,依法进行行政执法及实行处罚成为这个体系建立后相关部门的重要工作职责。"12315"的开通是我国工商行政管理机构在消费维权问题上的一次有益尝试,工商行政管理机构在全国范围内建立统一的维权投诉通道,使广大消费者投诉难的问题得到切实的解决,能够方便及时地响应、受理消费者诉求。此后工商部门将全国处理消费者投诉举报咨询的电话统一为"12315",并逐步建立起覆盖城乡、便捷高效的电话投诉体系。据统计,从1999年至2016年,全国共受理各类消费者投诉案件7 312.8万件,为消费者挽回经济损失173亿元。[①]

法制不够健全,执法手段不足,使得一些侵害消费者权益的行为得不到及时有效的制止。长期以来,监管部门在消费产品的监督上重终端抽查、轻过程监督,没有从源头上将危害消费者权益的违法行为消灭于萌芽状态。在众多领域中,政府采取了分段监管和品种监管相结合的模式,往往存在一些行政执法边界不清、监管内容交叉和监管真空等问题。如今,在一些与消费者日常生活密切相关的行业,小企业和小作坊盛行,而相关监管机构的人员配比却十分不足;一部分监管人员专业性不足,无法将监管职能落实到位;有些地方监管人员身兼数职,还有无编人员从事执法工作的现象,这些都影响到实际执法效果。

此外,从法律规定到现实落实仍有很长的路要走。例如,虽然《消费者权益保护法》确认要保护消费者个人信息,但猖獗的个人信息泄露、甚至引发巨额诈骗的诸多事实说明,没有相关部门的通力协作,相关法律法规的具体操作性不强。如果个人信息被商家泄露,消费者如何取证乃至维权,相关经营者将受到怎样的处罚,都有待进一步出台细化条款。而个性化消费常常存在法律盲点,使这一类消费者的权益容易引发社会争议,问题真正得到解决的时间往往延滞。

美国的市场经济发展阶段与我国的市场经济发展阶段不同,因而两国政府和消费者关注的问题也有所不同,但是美国依靠联邦贸易委员会来加

---

① 全国12315互联网平台今日正式上线[EB/OL].(2017-03-15)[2021-06-23].http://www.gov.cn/xinwen/2017-03/15/content_5177612.htm.

强对消费者权益保护的做法依然带给我们一些启示。与美国联邦贸易委员会的职责相比较,我国相关行政机构缺少公益性诉讼、发布禁止令等职权。设在工商行政管理部门内的行政机构,已经远不能满足日益复杂的消费者保护工作的需要。设置独立的消费者保护行政机关是发达国家和地区开展消费者保护工作的通行做法,同样值得借鉴。

(二)信息披露不够

要想加强对消费者的保护,首先要提高生产经营者信息披露的透明性。同样,在消费者保护中,政府的信息披露也应该更加规范、透明和制度化。从某种程度上来说,政府的示范作用能够促进生产经营者更自觉地履行义务,政府的行为对全社会的意义十分重大。生产经营者信息披露不够充分可能侵犯部分消费者的私权利,而政府层面的信息供应不足或者不透明,侵犯的不仅仅是部分消费者的私权利,还在某种程度上侵犯了全体消费者的基本权利,造成消费者对政府机构失去信任,形成"塔西佗陷阱"①。

不能否认的是,当前政府的信息供给依然存在着极大的缺陷,许多非保密范畴的部门规章不能被及时、全面地公布,监管情况不能及时、有效、全面地向消费者披露,造成谣言先行。政府的各项管理制度在消费者中宣传普及不足,消费者对消费者权利的认知不够透彻,消费者的交易行为在许多时候处于缺乏法规引导的盲目状态,这在很大程度上与政府相关信息的供给不足有关。我国《食品安全法》第 82 条规定,食品安全监督管理部门应当准确、及时、客观地公布信息。2008 年的"三鹿毒奶粉事件"之所以震惊国内外,很大程度上是因为在长达半年的时间里,从相关部委、地方政府到企业对信息一再隐瞒,没有向消费者做出任何通报和警示。这一事件使我国奶制品行业遭遇重创,其信任危机延续至今。2013 年一项关于监管部门在食

---

① "塔西佗陷阱"指当政府部门失去公信力时,无论其说真话还是假话、做好事还是坏事,都会被认为是说假话、做坏事。在网络时代,"塔西佗陷阱"正随着传播方式的变迁成为日常社会治理中需要频繁面对的挑战。

品安全信息公开方面工作效能的调查显示,超过八成的受访者认为当前食品安全信息公开不充分。其他问题还包括监管部门信息公开不主动;信息公开像挤牙膏,甚至避重就轻,真正需要被公众知晓的关键信息被隐瞒;地方与部门保护主义盛行,个别机构有选择性地公开信息;信息公开渠道有限,公众不容易获知;信息公开的口径不一致。①

对于消费者来说,知情权是其最基本的权利之一,其前提就是要求政府通过一切手段增加消费者的信息供给,特别是增加涉及产品和服务质量标准的信息供给。在实际工作中,涉及消费者权益的行业往往由多个部门分段监管,各部门之间的信息互通存在壁垒,信息共享协调机制不完善,不利于消费者方便、快捷、及时地获取有用信息。一些法律法规对行政机关应该主动公开的信息内容规定得不够具体,导致发布的信息内容避重就轻、以偏概全,无法满足各方的实际需要。因此,必须规范涉及消费者利益的信息强制披露制度,包括发布方式、发布内容,以及政府部门间、政府部门与生产经营者间的信息协调机制。

(三)检测能力不足

随着商品种类逐渐丰富,商品的技术含量越来越高,消费者对疑似假冒伪劣产品的检测需求也在增加。但是,消费者的检测需求在现实中却常常遭遇高门槛。个别检测机构拒绝个人送检,部分检测项目还需消协出具"委托函"。

我国商品的检验检测资源分散在多个相关部门和领域,商品检测的内容范围较窄,检测的内容和设备实验室建设重复度高。检验检测有关的高水平设施与方法缺乏,覆盖面不广,资源利用率不高,即时检测能力差,检验周期过长。以食品安全领域为例,目前由省、市、县三级监测点组成的全国食品安全风险监测网络已在我国初步建成。但从实际效果来看,我国食品

---

① 超8成受访者认为当前食品安全信息公开不充分[EB/OL].(2013-07-24)[2021-06-23].http://news.xinhuanet.com/fortune/2013-07-24/c_125056716.htm.

安全风险监测评估和标准体系建设仍处于起步阶段。我国省级检验检测机构中能够完成国家计划的全部检验检测项目的不足半数,要实现发现食品安全问题早期隐患的目标依然有很长的路要走。要应对我国食品安全相对复杂的形势和繁重的工作任务,迫切需要政府有关部门加强对这一问题的重视,拿出切实可行的实施方案,加大对涉及消费者生命健康安全领域问题防范事务的支持力度。

在新的《消费者权益保护法》实施前,消费者提出退换问题商品,商家称须出示检测报告,部分检测机构不接受个人送检,就算接受,检测费用也让消费者难以承受。消费者只能向主管部门举报,随后等待主管部门委托检测机构出具检测报告,消费者拿到检测报告后才能享受商家的退换货服务。新的《消费者权益保护法》实施后,这一局面开始改变,但对于个人来说,申请商家退货并要求检测的执行过程中仍然存在较高门槛,绝大多数人在面对繁杂的申诉程序和高昂的检测收费时选择了"自认倒霉"。①

三、违法侵害成本太低

仅就食品安全领域而言,假酒、苏丹红、毒奶、地沟油、瘦肉精、塑化剂、镉大米等现象依然层出不穷、屡禁不止。侵害消费者利益的违法成本太低是一些生产经营者放弃道德、以身试法的重要原因,一些地方的保护主义对制假、造假等问题的包庇袒护也使监督效果大打折扣。根据阿里巴巴公开披露的数据,2016年全年,阿里巴巴内设的平台治理部共排查出4 495个销售额远大于起刑点(5万元)的制售假线索,通过公开信息能够至少确认有刑事判决结果的仅33例,实际查处的案件数量只占线索数量的0.7%,且33例

---

① 王薇.个人送检瑕疵商品:高门槛难倒消费者[EB/OL].(2014-03-12)[2021-06-23].http://news.xinmin.cn/shehui/2014/03/12/23746422.html.

案件中只有 10 个人被判处实刑。① 现有制售假罚款的主要法律依据之一是《产品质量法》，罚款标准仍停留在 5 万元标准，相对于非法获利而言不值一提。有人测算过，制假所获暴利有时候甚至超过毒品。与发达国家相比，我国对制假售假的处罚力度过小，低额罚金是促使生产经营者铤而走险的原因之一。以美国为例，制假售假初犯者将面临 10 年以上的监禁，重犯者将面临 500 万美元的罚款和 20 年以上监禁，对于公司的处罚甚至会高达 1 500 万美元。我国制假售假的相关法律已经严重滞后于时代，现行相关法律规定存在过时、过宽、模糊和难以执行的缺陷。

四、消费者组织定位模糊

在中国，消费者协会是各级政府发起成立的官方组织，属于在机构名称、组织性质、行政职能和行为规范上均具有合法性的官方认可的社会团体。② 可见中国消费者协会不同于一般民间团体组织，也不是依据《消费者权益保护法》第 12 条规定的"消费者结社权"由消费者自发成立的民间团体。上海市消费者协会 2004 年改制为消费者权益保护委员会，增加了消费者保护组织的独立性和权威性，但与原工商局行政隶属关系的脱钩未改变其官方属性。

消费者协会的这种属性和地位的形成有客观的历史原因。如前文所述，1984 年国务院批复三大部门成立消费者协会申请的时候，规定结社权合法性的消保法尚未颁布，故除《宪法》的一般性规定外，并没有具体的法律可以参考。彼时我国处于改革开放的初期，消费者的概念都尚未明晰，更谈不

---

① 孙冰.阿里呼吁：像治理酒驾一样打假[EB/OL].(2017-09)[2021-06-23].http://finance.sina.com.cn/roll/2017-03-06/doc-ifycaafm5431194.shtml?cre=financepagepc&mod=f&loc=3&r=9&doct=0&rfunc=100.
② 2018 年 3 月，第十三届全国人大一次会议召开第四次全体会议，决定不再保留国家工商行政管理总局、国家质量监督检验检疫总局、国家食品药品监督管理总局，组建国家市场监督管理总局。

上消费者的自我保护意识。在世界各国消费者组织和消费者保护运动蓬勃开展之时,我国消费者保护体系以及社会监督力量尚未形成。显然,在生产力还不足以满足消费者基本生活需求的环境下,成立消费者保护团体的必要性与紧迫性都不够充分。为了紧跟世界经济发展的脚步,解决未来经济生活中可能出现的经营者与消费者的矛盾冲突,提高我国消费者保护水平,我国政府决定先成立能够与国外消费者组织相互沟通学习的官方体系下的消费者组织。

迄今,消费者结社权的法律规定还没有得到充分实施,民间的消费者组织依然十分薄弱,这影响了消费者保护体系的广泛性,制约了消费者保护活动的深入开展和专业化水平的提升,使我国的消费者保护仍然处于发展初期,消费者保护的矛盾没能得到根本解决。根据《中国消费者协会章程》和《消费者权益保护法》的规定,虽然中国消费者协会成立三十多年来,开展了一系列卓有成效的工作,但仅由有官方背景的消费者协会来维护消费者权益,显然与实际经济生活中的需要相差甚远。当前越来越多的公共服务和管理职能已开始由民间组织担当,在消费者保护领域也需要更多的专业社会组织机构的参与。

2007年之前全国还有相当一部分消协没有固定的经费来源,或没有规范的经费来源渠道,经费仅仅依靠工商行政管理部门拨款和各级消费者协会自筹。从1993年山东省、安徽省消协开始尝试会员制到2000年参考国外消协的运营模式,中消协酝酿将"3·15中心"独立出来,成立"3·15信息咨询公司"并出版杂志[①]等,但最终都无法持续,只能采取财政、理事单位、企业和工商局共同分摊的方案来解决经费问题。一些地方消协的经费缺口甚至

[①] 1995年,中消协会刊《中国消费者》杂志创刊,但数十万的发行量依旧无法解决经费缺口问题。

占其运行经费的三分之二。2006年"欧典地板3·15标志滥用事件"①发生后,消协成为中央财政全额拨款运营的准事业单位性质的机构,但这也引发了消费者对"谁的消协"的质疑。② 在基层,"一会两站"的工作人员,尤其是"两站"工作人员都是兼职人员,人员流动性大,更换频繁,部分工作人员的业务能力有待提高。此外,一部分社区居委会整合后,办公场所未确定,也影响了"一会两站"工作的正常开展。

消费者协会自成立以来,的确取得了有目共睹的维权成绩,但与我国每年实际发生的消费者侵权事件的数量相比、与市场经济发展速度相比、与消费者的利益诉求和愿望相比,还远远没有达到广大消费者所期望的目标,没有充分发挥消费者组织的作用。为了满足消费者保护深入发展的需要,除官方推行成立的"一会两站"以外,还应当鼓励成立民间消费者组织。消费者保护是一种强烈而现实的民生需求,这种需求涉及消费者日常生活的方方面面。消费者保护是一项涉及多个领域、多个部门的复杂社会治理工程,不仅需要官方对消费者协会的政策把握和各级主管部门之间的有效沟通,也需要活跃在一线的各类民间组织敏感地捕捉消费者权益诉求的变化,采取更贴合实际的解决方法,满足消费者的维权需求。

消协定位的模糊与我国多元化消费者组织的缺失,使消费者保护缺少更广泛的群众监督基础,也使消费者教育缺少更有效的宣传贯彻平台。这些基层组织和机构的缺失,将长期影响消费者保护的实效。

---

① 自2000年开始,中消协授予企业"3·15标志"作为"社会筹资"的渠道,以弥补经费缺口。"3·15标志"的授予前调查主要是根据对该企业的社会荣誉和投诉情况进行的,但由于缺乏必要的资金、技术手段,无法对企业进行周密的调研,只能要求企业获得"3·15标志"后,承诺保证产品和服务质量,并在出现消费争议时主动解决,因此存在着一定的"道德风险"。欧典地板是连续6年被允许使用"3·15标志"的企业。2006年欧典地板遭到央视曝光,这家在国内生产地板的公司竟宣传自己为德国企业,引起轩然大波。同年7月,中消协悄悄取消了该企业的"3·15标志"。
② 宋雪莲.中国"消费者组织":23年的欣慰与无奈[EB/OL].(2007-04-13)[2021-06-23].http://www.ce.cn/cysc/cysczh/200704/14/t20070414_11035743.shtml.

第二节　消费者制度供给型增权完善的方向

不可否认的是,在互联网给消费者增权拓展空间的同时,网络欺诈、谣言等侵害消费者权益的情况不可避免,并给监管带来了更大的挑战。2013年4月23日,电商巨头阿里巴巴集团大张旗鼓地宣布和国家五部委联手打击假冒伪劣商品。阿里巴巴董事局主席马云指出,网络假货已成为经济领域的毒瘤和癌症,如果放任不管,对整个电子商务行业会产生很大的负面影响。中消协发布的《2019年全国消协组织受理投诉情况分析》指出,在当年投诉表现出的四大特点中,与互联网服务相关的有两个:一是远程购物投诉在全部投诉中占比大幅度下降,从多年第一退居第三位,远程购物中电商所占比例最大,这个变化反映出电商消费环境得到优化;二是经营性互联网服务首次成为服务类投诉第一,这是与数字经济、数字消费迅速增长成正比的。随着消费者数字生活比重的提高,经营性互联网服务的投诉数量及比重可能会长期居于前列。① 2020年新冠肺炎疫情使传统消费受到较大影响,在线消费异军突起,网络购物、网络订餐、网络游戏、在线教育、直播带货、社区团购等互联网服务发展迅速,新模式、新业态不断涌现。根据《2020年全国消协组织受理投诉情况分析》,针对网络直播购物的消费者投诉主要反映在五个方面:一是部分主播存在夸大或虚假宣传等问题;二是一些电商经营者拖延或者拒不履行合同约定;三是有些电商经营者不承担售后服务义务;四是网购协议暗藏不公平的格式条款;五是个人信息泄露,商家促销短信让人不胜其烦。② 这一方面反映了以互联网技术为先导的电子商务目前呈现

---

① 侯建斌.中消协权威解读2019年消费投诉维权新动向[EB/OL].(2020-01-17)[2021-06-23].https://new.qq.com/omn/20200117/20200117A0RB8W00.html.
② 中国消费者协会.2020年全国消协组织受理投诉情况分析[EB/OL].(2021-02-03)[2021-06-23].http://www.cca.org.cn/tsdh/detail/29923.html.

出蓬勃发展的态势,另一方面也显示出网络购物环境日趋复杂,消费者仍受到虚假宣传、假冒伪劣、个人信息泄露等诸多问题的困扰。因此,政府应发挥制度供给型增权的主导作用,既要重视互联网给消费者增权以及经济、社会发展带来的进步,又要从政策、监管、措施层面为消费者提供更多的制度供给型增权的空间,切实保障消费者的权益。

一、运用法律与行政手段保障和提高消费者保护实效

(一)政策鼓励和保护新消费形态

制度供给型增权可以通过制度安排和选择来提高消费者的能力,如通过收入调节提高消费者购买能力、通过贸易政策的放开消除贸易壁垒等。在加入世贸组织后,政府通过逐渐引进市场因素、放松对生产关系的制度性约束,进一步加快了市场化改革步伐,提高了生产活力和商品供给效率。同时,政府放开对民生行业的准入控制,体制外资源开始加入商品供给的队伍,消费者对商品和服务的自主选择权大大增加。为了扩大内需,教育、医疗等公共服务业与汽车、房地产等大宗商品领域开始出现民间投资者,政府适时出台了消费信贷政策,从而使居民的消费能力有了质的提升。

经济转型的现实需求与互联网带来的消费者跨境购、海淘贸易的迅猛增长,使政府意识到消费需求的旺盛与现实供给之间存在结构性不足,政府越来越重视促进供给侧改革对提升消费的促进作用。从 2013 年上海建立自贸区开始,截止到 2020 年 9 月,我国已在天津、福建、广东、辽宁、浙江、河南、湖北、重庆、四川、陕西等省市设立 21 个自由贸易试验区,并公布了详细方案。自贸区的建设将使关税进一步降低、多个产业的准入条件放宽,消费者将能获得更高品质、更低价格的产品和服务。同时,政府也高度重视"互联网+"对行业转型升级的重要性和对供给水平的提升,并把依托"互联网+"的多个新兴产业作为国家战略发展产业进行扶持。这些政策在强调互联网

对产业振兴价值的同时,也将为消费者提供更好的产品和服务体验,在生产生活品质提升的实际效果上为消费者增权。

近年来,国务院相关部委办发布了一系列促进消费品产业提升的文件,包括《关于大力发展电子商务 加快培育经济新动力的意见》(国发〔2015〕24号)、《关于开展消费品工业"三品"专项行动 营造良好市场环境的若干意见》(国办发〔2016〕40号)、《关于发挥品牌引领作用 推动供需结构升级的意见》(国办发〔2016〕44号)、《关于印发消费品标准和质量提升规划(2016—2020年)的通知》(国办发〔2016〕68号)、《关于建立统一的绿色产品标准、认证、标识体系的意见》(国办发〔2016〕86号)、《关于加快推进重要产品追溯体系建设的意见》(国办发〔2015〕95号)等。其中多份文件强调要促进监管机构和社会力量相互协作,调动行业协会、消费者等多方力量,完善新产业新业态治理结构,建立政企合作的事中事后监督管理新模式,在产品质量和消费者保护方面形成全社会共同参与和共同治理的新格局,确保消费者能够放心消费,以促进经济的良性发展。在互联网消费领域,针对算法应用不公、直播带货、社区团购等问题,通过对有关个人信息保护、反垄断、反不正当竞争等的法律、标准的修订,政府不断加强对新兴业态、新技术应用的规制管理。《电子商务法》《消费者权益保护法》《广告法》《关于加强网络直播营销活动监管的指导意见》等明确了电子商务经营者的责任,认为应持续加大对直播平台、主播、经营者的审核、监管力度。2021年8月17日,国家市场监管总局发布《禁止网络不正当竞争行为规定(征求意见稿)》,其中提出,经营者不得利用数据、算法等技术手段,通过影响用户选择或者其他方式,实施流量劫持、干扰、恶意不兼容等行为,来妨碍、破坏其他经营者合法提供的网络产品或者服务的正常运行。8月18日,商务部发布《直播电子商务平台管理与服务规范行业标准(征求意见稿)》,明确直播营销平台、直播主体、电子商务交易平台等在直播电子商务中的管理和服务要求。一系列法律法规的制定,表明政府在规划经营性互联网服务上的坚定决心。

(二)加大基层与重点行业的消费者保护

我国基层农村的消费者保护体系远远落后于农村商业进化的水平和农村消费者的现实需要。由于基础设施水平、收入水平与受教育水平存在差异,城乡间新技术的信息鸿沟依旧存在。21世纪以来,互联网发展迅猛,毫无疑问也开始逐步惠及农村。电商下乡运动、物流网络的打通使农村的消费形态逐渐与城市接轨。在新的消费形态下,农村消费者的维权需求也开始增加,消费者保护管理体系迫切需要形成与消费水平相匹配的组织架构。

2005年,国家工商行政管理总局局长王众孚在河北省考察时,对该省工商系统"一会两站"建设作出了高度评价。2006年,国家工商行政管理总局召开全国工商系统12315行政执法体系建设工作会议,部署了在全国范围内快速推进"一会两站"建设的工作,中国消保维权事业揭开了崭新的篇章。[1] 基层"一会两站"延伸到了乡镇、农村等消费末端和监管盲区,促进了城乡消费维权公共服务均等化。在基层设立消费维权窗口,及时有效地预防了一些侵害消费者权益事件的发生,发挥了基层政府组织维护农村市场经济秩序的积极作用,与消费者权益保护相结合,找到了更好为广大农民服务的切入点。

"一会两站"建设是按照"政府领导、工商牵头、有关部门参与"的工作机制,构建行政执法、行业自律、社会监督三位一体的消费维权体系的重要一环,同等重视、同步发展城乡消费维权工作,是工商系统服务"三农"、便民维权的一项新举措,是新形势下维护广大消费者合法权益的迫切需要。之后,国家工商总局陆续发布了关于"一会两站"建设的系列意见[2],全面深入推进

---

[1] 李健.一会两站:消保维权事业的"三湾改编"[N/OL].(2008-09-10)[2021-06-23].http://www.lawtime.cn/info/xiaofeizhe/xfwqsx/201010099782.html.

[2] 相关文件包括:《关于印发〈关于大力推进12315行政执法体系建设工作的意见〉的通知》(工商消字[2006]第62号);《关于印发周伯华局长、王东峰副局长在全国工商系统12315行政执法体系建设工作暨经验交流会上讲话的通知》(工商消字[2008]112号);《关于加强"一会两站"规范化建设的意见》(工商消字[2009]236号);《关于进一步加强12315"五进"规范化建设的意见》(工商消字[2011]113号).

消保体系在基层的完善工作。之后,工商部门在全国商场、超市、市场、企业、景区等重点场所广泛设立"消费维权服务站",推进 12315 消费维权体系的"五进"工作,通过在消费集中的重点场所建立消费争议处理点,鼓励消费者及时、就近投诉,密切了政府监管机构、生产经营者与消费者的联系,提高了消费纠纷的处理效率。

在深入完善农村基层消保体系的同时,随着我国金融业体量的迅猛增大,2008 年影响全球市场的金融危机、2015 年的中国大陆股灾危机以及近年来以互联网金融创新为幌子的金融诈骗,使金融业消费者保护提上了议事日程。

建立金融业的消保体系符合国际监管新趋势。2009 年 10 月,为降低金融危机对消费者造成的巨大伤害,以及对包括金融体系在内的经济运转体系的冲击与破坏,美国众议院通过了《华尔街改革和消费者保护法案》,将分散在美国联邦储备银行、联邦贸易委员会、证券交易委员会等机构的金融监管职权集中于计划成立的消费者金融保护局(CFPB)。时隔一年,美国总统奥巴马签署《多德-弗兰克法案》,设立独立的消费者金融保护局,归口美国联邦储备银行管理。这是该法案的重要改革项目之一。该机构将集中行使金融消费者保护职权,并拥有监督、检查和执行权。中国央行随后也建议成立金融消费者保护机构。国际货币基金组织法律专家何鹏宇认为,虽然对消费者权益的保护符合银行业长期稳健发展的根本利益,但在日常监管中,若审慎监管和消费者保护两个目标发生冲突,银行监管者考虑更多的是银行业的系统性风险和短期利润。因此,应该把审慎监管和消费者保护这两个职能分开。① 需要指出的一点是,英美等许多国家在金融危机前已经拥有一整套的金融消费者保护的法律制度体系,但在监管机制和法律执行中仍旧

---

① 事实上,这种被称为"双峰式"的监管模式是 2008 年金融危机后金融改革的一个重要国际趋势。主要欧美国家已经或正在实施这样的改革,例如英国、德国和法国。尤其值得一提的是,成立于 1997 年的英国金融服务局曾被誉为"综合式"监管(审慎监管和消费者保护职能合并在一家监管机构)的"典范"。2010 年 6 月,英国财政大臣宣布分拆金融服务局,其微观审慎监管职能并入英国央行英格兰银行,其金融消费者保护职能将由一家独立的监管机构来承担。

出现了很多问题。① 绝大多数国家都有消费者信贷法律、金融消费者利益保护法等，而我国在金融领域的法律严重短缺，只有《商业银行法》《人民银行法》和《银行业监督管理办法》，这三部法律法规和消费者都没有直接关系。金融机构往往利用这一法律空白，在一些合同中附加霸王条款。

2011年10月14日，保监会印发《关于设立保险消费者权益保护局及对部分内设机构职责、处室设置进行调整的通知》，标志着保险消费者权益保护局正式成立。同年年底，中国证监会投资者保护局（简称"投保局"）②正式成立。投保局成立时，其相关领导表示，投保局的下一步方向主要是建立投资者纠纷的调解、仲裁机制。要转变对于投资者保护理念的认识，改变以前过于重视金融机构而忽视投资者诉求的状态。③ 2012年11月20日，银监会银行业消费者权益保护局宣告成立。主管部门强调银行业金融机构必须切实承担保护消费者权益第一责任人的职责，加强规范银行金融理财产品设计和营销等环节的行为，提高金融服务水平、完善和优化消费者投诉处理流程，着力建设消费者教育的长效机制。

民以食为天，食以安为先。食品安全已成为评判人民生活水平、社会协同治理水平和国家法治建设水平的重要标准之一。《食品安全法》在2009年6月1日正式施行，食品安全问题正式步入法制化轨道。2011年沈阳市发现了"药水豆芽"，质监、工商、农业、食药监等部门都觉得与自己无关。④ 此外，在法律上，中国食药监局对保健品的监管权限远远比美国食药监局（FDA）要高，但在现实中，包括维生素在内的各种补充剂在中国的虚假宣传远比美

---

① 何鹏宇.金融消费者保护局应独立[EB/OL].(2011-12-05)[2021-06-23].http://finance.sina.com.cn/review/hgds/20111205/160510936698.shtml.
② 中国证券投资者保护基金有限责任公司（下称"投保基金"）将纳入投保局，投保基金为财政部全额预算拨款管理单位。投资者投诉的接待和处理原本由其负责。投保基金主要职责是筹集运作投资者保护基金、监测证券公司风险、参与处置问题券商等，同时承担投资者的教育和诉讼纠纷等。
③ 证监会投资者保护局成立 投保基金将纳入投保局[EB/OL].(2012-11-01)[2021-06-23].http://finance.qq.com/a/20120111/001755.htm.
④ 4个大盖帽为何管不了1棵豆芽菜[EB/OL].(2011-04-27)[2021-06-23].http://news.qq.com/a/20110427/000184.htm.

国严重,却无法得到有效的监管。食品安全问题带来的危害推动了《食品安全法》的修订。2015年10月,修订后的《食品安全法》正式实施,在产品可追溯、婴儿奶粉、保健品等重点领域都有新的规定,给食品安全监督提供了更加完善的法律制度保障,也提供了更加严格的行为准绳,规范了食品行业的生产。同时,政府通过建立销售者先行赔付、产品质量担保、质量安全责任保险以及安全惩罚性赔偿等一系列制度,来强化消费者维权措施的落实。

(三)新消法的出台与配套法律的实施

法律条文反映了社会变动的脉搏。2014年版《消费者权益保护法》的修订内容涉及面广,对个人信息保护、网络购物、公益诉讼、惩罚性赔偿、广告发布代言的连带责任等热点问题做了明确规定(详见附录),在内容上进行了细化,并且明确了新的消费环境下网络购物中的一些具体问题,对长久以来未被重视的问题,如公益诉讼、个人信息保护、广告经营的连带责任等,都在法条上予以明确。国家工商总局陆续出台《工商行政管理部门处理消费者投诉办法》《侵害消费者权益行为处罚办法》等,初步形成了与新消法配套的规范性文件体系,使新消法更具操作性。

由于有关"网购七日无理由退货"的条款遭遇执行难,电商平台、入驻商家推诿扯皮,擅自扩大不适用范围,不兑现承诺,退货时商家拖延解决,新消法屡遭消费者诟病。为此,国家工商总局出台了《网络购买商品七日无理由退货暂行办法》,并于2017年3月15日正式施行。互联网平台上的消费者侵权行为隐蔽性强且类型复杂,给政府的监管带来了巨大挑战。针对网络平台中个人信息被泄露或窃取的现象,新消法针对个人信息保护也作出了相关规定。针对2017年频繁出现的因个人信息泄露而导致的恶性电信诈骗事件,有关部门开始讨论将泄露个人信息行为入刑的可能性。2021年8月,第十三届全国人大常委会第三十次会议对《个人信息保护法(草案)》进行了三审。新消法明确消费者诉讼简易处理程序,扩大公益诉讼主体范围,并支持社会中介组织和第三方机构为消费者提供维权援助,完善了公益诉讼制度,降低了个体消费者的维权门槛。

在互联网舆论中被消费者普遍诟病的垄断行业滥用市场地位、限制竞争的做法,以及越来越受消费者关注的环境保护问题,促使相应法律加快出台。《反垄断法》自2008年8月1日起施行,分为8章57条,对滥用市场支配地位、滥用行政权力、限制竞争等行为进行了界定。《反垄断法》明确规定,禁止大型国企借控制地位损害消费者利益。对于影响国民经济命脉和国家安全的行业以及依法实行专营专卖的行业而言,国家对其经营行为及其商品和服务的价格依法实施监管和调控,以维护消费者利益。《环境保护法》于1989年12月26日施行,共6章47条。多年来,针对《环境保护法》的修法呼声不断,1995年到2011年,全国人大代表中有超过2 000人次就此提出了近百项提案。修订后的《环境保护法》于2015年1月1日起施行,增加了政府、企业各方面的责任,加大了相关处罚的力度,被专家称为"史上最严的环保法"。保护消费者利益乃至公民的基本生存权、安全权,已成为关系我国经济社会可持续发展的重要命题。

2014年版《消费者权益保护法》的颁布实施是我国消费者增权历程中又一个里程碑。新消法的重要理念是进一步体现公平与效率并举,体现平等对待经营者与消费者,同时旗帜鲜明地向消费者适度倾斜。新消法的修正草案结合了工商行政监管部门多年来的一线执法经验,进一步关注互联网时代消费者和消费形态的新变化,顺应了经济生活的发展情况。全新的市场变化也给相关行政管理和监督执法工作提出了更高的要求。以新消法为基础,相关部门应采取更加具体的举措,建立更加完善的监管体系,压缩违法行为的生存空间;消费者协会作为官方消费者保护组织,要进一步畅通投诉渠道,为消费者提供更有力的援助;消费者要积极学法用法,增强维权意识,提高依法维权能力。唯有如此,法律才能真正成为广大消费者的"护身符"。此外,针对损害消费者利益的行为,应设置相应的行政监测体系,采取行政监管和司法手段相互配合、双管齐下的方式,综合运用行业自律、行政、民事和刑事等手段,打击各种违法行为,为生产经营者和消费者创造公开、公平、公正且相互信任的市场环境。

二、运用"互联网＋"提高消费者保护的监管治理水平

除了从制度和立法上对消费者的合法权益给予基本保障外,还应当采取切实措施建立消费者权益保障体系,赋予消费者教育、投诉、救济等权利。从现实层面来看,消费者在寻求救济时面临的主要问题是与经营者交涉难,向有关部门申诉所需要的时间长,以及难以确定网络消费纠纷的管辖权归属。对此可以向消费者提供多种多样的救济途径,例如加强对于风险产品的消费警示、开设在线投诉网站、建立网上仲裁机构、确立有利于网络消费者的诉讼管辖原则等。

互联网不仅能促进消费者增权,在政务管理能力的提升上也可以发挥重要作用。互联网促进了各级政府及社会机构的政务治理和服务水平,"两微一端"的加快布局更有助于推动互联网政务信息供给向公开、即时和透明的方向发展。互联网能够快速有效连接监管部门、企业和消费者,并借用新兴形式有效传递信息,在消费者增权方面发挥着重要作用。从2006年开始,国家工商行政管理总局在全系统大力推进构建12315消费者权益保护行政执法体系,即在12315消费者电话申诉举报网络的基础上,推进包括行业自律、行政执法监管、社会监督在内的12315消费者维权体系的全方位建设。目前,覆盖城乡的12315消费者维权体系已基本建成,实现了从总局到工商所的五级贯通,方便消费者投诉维权,成为提高消费权益保护服务水平的重要基础。2014年,国家工商总局消费局局长杨红灿表示:"工商总局正在创新消费维权的体制机制,比如除了投诉电话12315和一部分(投诉)通过QQ处理外,还要建立全国统一的12315互联网平台,计划2016年下半年投入使用。平台会根据投诉的地点把投诉直接分配到所在地的工商所……希望能

把绝大多数投诉解决在工商所这个层面。这是现有平台做得不够的。"①

政府还应加强企业法人和个体商务的信用制度建设，建立统一的广覆盖的信用体系，将侵害消费者的行为纳入信用记录并置于公众监督之下，提高其失信和违法成本。2016年全国"两会"期间，国家工商总局局长张茅在回应假货监管问题时提出，2015年开始实施的企业信用"全国一张网"计划是下一步监管的核心内容。他认为减少假货最根本的方案是建立企业信用系统，使企业自律、行业自律、社会监督、政府监管形成一个共治的结构。只有全社会的信用意识得到有效提高，消费者权益才能受到更加持久稳定的维护。2016年年底，国家企业信用信息公示系统上线，其利用"互联网＋政务服务"加大对企业信用监督的力度。2017年3月15日，"12315互联网平台"正式开通，标志着我国消费维权工作进入互联网时代（详见图5-1）。12315互联网平台和12315热线电话协同配合，发挥各自优势，在利用大数据技术加强市场监管、营造良好市场秩序和安全放心的消费环境方面发挥着重要作用。国家工商总局消费者权益保护局局长杨红灿表示，12315平台可以实现消费者诉求网上处理流程透明化，有利于畅通消费者诉求、促进消费维权的社会共治，有利于整合工商行政执法力量、依据大数据进行"靶向"市场监管。随着大市场监管体系的建立和机构改革呼声渐高，2019年8月31日，"全国12315平台"正式上线运行，这标志着继12315、12365、12358、12330、12331等热线整合到12315热线后，全国12315平台也完成了整合建设工作，"互联网＋市场监管"取得新成果。新平台除促进了消费者投诉维权渠道的畅通，整合了工商行政执法力量，提高了监管效率之外，还加强了消费维权的社会共治。各级消协组织、大型企业集团、电商平台的售后服务部门，以及其他消费维权机构、国际组织可以按照平台的授权，以不同类型的用户身份登录，分享消费维权执法信息，开展在线消费纠纷调解。平台还与国家企业信用信息公示系统深度融合，引导社会诚信建设，形成促进企业

---

① 陈垚.让违法经营者"处处受限"：对话国家工商总局消费者权益保护局局长杨红灿[EB/OL]. (2014-10-09)[2021-06-23].http://www.infzm.com/content/104609.

重视保护消费者权益的倒逼机制。

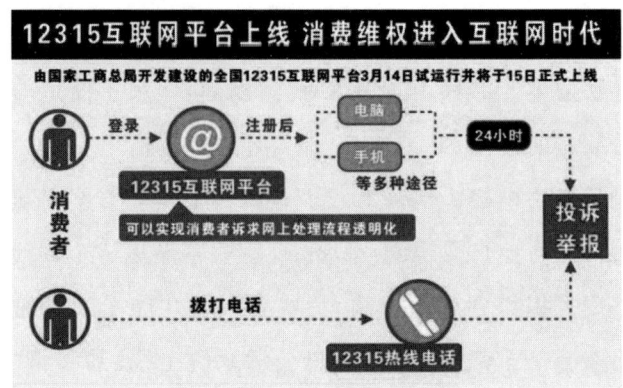

图 5-1　消费维权投诉渠道

技术的更新为解决消费者权益保护问题提供了更多可能。应用物联网、云计算等现代信息技术建设的追溯体系,在提升企业质量管理能力、促进监管方式创新、保障消费安全等方面取得了积极成效,将进一步减少消费品质量信息孤岛和信息不对称现象,更好地满足消费者信息需求。

互联网在信息传播与群体连接方面的技术创新正以之前无法想象的方式重构社会结构,也使消费者权益保护话题引起了更多消费者个体和群体的重视。随着我国中产阶层消费者规模的进一步壮大与信息技术的进一步创新,互联网也将不断完善消保体系,为消费者增权带来更多的想象空间。

三、发挥国内外社会组织作用,加大消费者保护力度

(一)鼓励社会各类型组织发挥优势共促消费者教育

新消法明确鼓励、支持一切组织和个人对损害消费者合法权益的行为进行社会监督。对比发达国家社会机构在消费者权益保护中的作用,我国缺少第三方组织和其他社会力量的参与,因此在消费者权益事前保护、事中

鉴定和仲裁、事后救济等各环节都存在薄弱之处。我国的消费者组织不是由消费者的自身需求自下往上推动形成的。梳理消费者协会的成立过程，可以了解政府的介入对消费者保护组织成立的促进作用。在我国，如果没有政府的认可和支持，消费者群体不会获得组织和活动的合法社会资源，消费者自发行动的成本将相当高。在消费者与经营者的纠纷中，社会鉴定机构的声音仍然偏弱。

从周边国家和地区的经验来看，品质革命的动力在消费者一端。日本有"日本生活俱乐部生协"，韩国有"韩国女性民友会生协"，中国台湾有"台湾主妇联盟生活消费合作社"。其中，"台湾主妇联盟生活消费合作社"的口号是"从共同购买到合作找幸福"，以共同购买的方式展现消费力，实践友善环境的消费意识，以"碗中的未来"作为一种生活价值与态度，以菜篮子里温柔而坚定的生活革命为食安、健康和环境把关。这些机构都成为引领消费者权益保障、进行产品品质革命的推动者。这些消费者自治组织推动理念传播、意识动员到联合行动，赋予消费者捍卫自身权益的能力，提高了政府、生产经营者对消费者权益的重视，促进了消费者增权水平的不断提升。

随着我国中产阶层的形成和崛起，追求品质生活、重视消费者权益成为社会经济生活的趋势。依托不断进步的互联网技术，微商团购、定制以及产地直采开始陆续出现。这可以看作中国消费者共同购买运动的萌芽，只是这些消费者群体目前还未意识到共同购买运动的理念和价值。其背后的消费者大多以"同事群""妈妈群"为组织。一些领先的共同购买组织不仅会对商品做符合国外生产标准的检测鉴定，甚至还会参与上游生产者的运营环节，从产品设计、运营管理、品质保证等方面全方位介入并向消费者实时传递信息，提升供给端的生产水准，促进品质革命。此外，随着新技术的推动和新媒介平台的形成，越来越多的机构参与到消费者权益保护的行动中来。比如 21CN 网创建"聚投诉平台"，成立消费维权服务志愿者联盟；果壳网等通过科普传播，向消费者普及产品辨别常识，消除消费误区与偏见；"清单""什么值得买""有调"等平台通过严格的产品检测增加产品信息的透明度，向消费者推荐优质产品；吴晓波频道推出的"百匠计划"，为用心做产品的匠人提供宣传资源与定制营销平台……这些尝试从不同层面进一步健全和完善消保体系，是对消保体系多样性的有益补充，有效保证了消费者权益的实现。

一些消费者也以自发的小群体组织参与消费者教育。"掷出窗外"[①]是一个有毒食品警示网站，由吴恒联合34名网络志愿者创建，于2011年上线并引起极大反响。2011年5月，时为复旦大学在读研究生的吴恒因"人造牛肉"事件开始关注食品安全。他联合33名志愿者，用半个月左右的时间，查阅近2万篇相关报道后，在网站上发布了资料库及调查报告。"掷出窗外"的出现不仅表明消费者对不安全食品的抵制态度，而且把食品安全问题以信息集合专题网站的形式进行集中曝光，能引起更多消费者的关注，从而引导全社会重视食品安全问题，联手抵制不安全的食品。可以看到，互联网在信息收集、消费者自组织连接以及信息发布上优势显著，是消费者自发进行消费维权、接受消费者教育的重要渠道与有效工具。

除信息传播外，一部分有识之士也开始意识到鉴定机构、维权机构、公益组织在保障消费者权益方面的重要性，职业化的打假集团、专业人士自发组成的产品鉴定团队以及为消费者维权提供法律救济的民间机构开始陆续出现。互联网为消费者教育提供了渠道，将进一步促进消费者教育的发展。

（二）善用社会资源，加大对消费者教育的投入

消费者权利的维护和实现除了需要良好的法制环境外，更有赖于消费

---

① "掷出窗外"的网站名源于美国第26任总统西奥多·罗斯福的一件逸事：罗斯福在吃早餐时读到小说《屠场》中描写肉食品加工的场面，突然大叫一声，跳起来，把口中尚未嚼完的食物吐出来，又把盘中剩下的一截香肠用力抛出窗外。吴恒指出："把食品'掷出窗外'的不应该只有美国总统，而应该是所有对食品安全不满的人。扫帚不扫，灰尘照例不会自己跑掉。事情要慢慢变好，需要外界的动力与刺激。"该网站从媒体报道中筛选出有明确来源、有受害者的2 107篇食品安全相关报道，制作了2 849条记录，并为每篇报道提取了包括事发地、食品的种类、对人体有害的原因等在内的关键词，并参考《食品安全法》，将数据成果进行标准化处理。2011年6月17日0点，该网站发布了三份调研成果，分别为《中国食品安全问题新闻资料库（2004—2011）》《易粪相食：中国食品安全状况调查（2004—2011）》《掷出窗外：面对食品安全危机，你应有的态度》。

者的自我觉醒和自我保护意识的提升。在市场活动中,消费者需求与消费者利益也会出现不一致的情况,主要表现为一部分消费者的个人消费是非理性的,是一种不可持续的消费。对资源的过度开发和过度消费破坏了生态平衡,反过来也将对消费者造成损害。少数高消费群体耗费了更多的资源,在地域分布和群体分布上造成消费不公平与不合理现象。

在现实中,我国消费者教育活动领域还存在很大的空白,消费者教育工作需要政府、消费者组织以及媒介共同协作。作为市场经营主体的生产经营者,在维护消费者权益方面负有不可推卸的责任,消费者也有责任依法维护自身的合法权益,提高自己的隐私保护意识和保护技能,并积极参与对商品和服务的社会监督。在风险高发行业,应执行强制宣教制度。例如涉及高风险的金融业消费者权益保护,不仅必须要求金融机构加强信息披露力度,提高透明度,还必须要求金融机构加强金融知识的宣传教育,提升全社会的金融知识水平。对消费者进行金融知识宣传教育和金融风险防范教育是金融机构履行社会责任的必然要求,要从制度层面对银行业金融机构的金融知识宣传教育工作进行强制性规定,明确工作要求、设定量化指标并纳入监管评价,形成长效机制。

2009年国家工商总局发布了《关于开展消费教育和消费引导工作有关问题的通知》,要求广泛开展与消费者面对面的消费教育引导活动,精心组织协调媒体开展消费教育引导活动,动员社会各界力量扎实开展消费教育和引导工作。其中包括要围绕消费教育引导的主要内容,指导消费者协会制定消费指引和教育提纲、印制并发放相关宣传培训材料等,让消费者科学消费、放心消费;相关司局要在相关中央级媒体开设与消费者教育有关的专题、栏目,丰富消费者教育内容,充分利用互联网平台提高消费者教育宣传的影响力,提高消费者教育引导工作的针对性和有效性。2016年4月28日,国家工商总局发布《中国消费者权益保护年度报告(2015工商行政管理卷)》,并决定自2016年开始按年度发布系列报告。它是首部专门反映工商和市场监管部门消费者权益保护工作状况的白皮书,是国家工商总局消费维权与行政执法成果的年度综合展示,也是行政监管部门面向社会主动接受监督、深入推进消费维权执法公开的一种姿态和举措。[①] 该报告是年度消费维权现状和案例的综合展示,也是消费者教育的重要素材。

在倡导理性消费和可持续消费观念,监督和揭露损害消费者利益事件的过程中,媒介的作用不可忽视,它使消法真正能够为消费者所用。消费者教育要充分利用现有媒介工具,充分利用新媒介资源,通过多种群众喜闻乐见的形式开展广泛、持续的消费知识宣传活动,扩大宣传覆盖面,提高宣传针对性和有效性,提升宣传效果,增加消费者的安全消费和依法维权意识。

此外,政府要善用社会资源,发挥社会各方面的作用,协同社会机构以及与消费者日常生活关系密切的企业和行业协会的合作,将消费者保护与其他社会治理工作有机结合起来,让消费者保护真正成为社会各界的共同责任和义务。同时,政府相关机构应切实加大消费教育和引导工作的力度,以消费者为本,努力营造公平有序的消费环境,推进消费者保护工作的蓬勃发展。

消费对经济的促进作用使政府开始更加强调利用社会资源、媒介渠道尤其是互联网平台对消费者进行教育。消费者教育受到更多重视,标志着消费者保护开始尝试探索更长效的运行机制。

(三)学习先进经验,参与国际合作

纵观国际消费者权益保护发展的历程,美英日德都经历过环境污染、食品安全、假冒伪劣等侵害消费者权益的问题的困扰。但是消保组织、专业协会、媒介等各种力量的集结,对消费者持久而耐心的宣教和动员,唤醒了消费者维护自身权益的意识,最终形成了比较完善的消保体系。中国目前已经成为世界第二大经济体,在国际经济交往与融合日益紧密的同时,我国的消费者保护也需要学习国际先进经验,加强国际合作。

[①] 国家工商总局发布《中国消费者权益保护年度报告》[EB/OL].(2016-04-28)[2021-06-23]. http://www.ccn.com.cn/330/571317.html.

技术的革新带来日新月异的新消费形态,在探索与时代相适应的法律保障措施的同时,我国也可参照发达国家,对消费者权益进行适当的外延。例如,可以增加或者扩张消费者的反悔权、信用权、参与权、方便救济权,并通过采取有效措施创新消费者权益实现机制,如鼓励更多有资质的专业机构进行公益诉讼和团体诉讼;建立普遍的缺陷产品召回制度和惩罚性赔偿制度;建立常设的小额消费诉讼法庭和消费者仲裁机构,增加消费维权的法制救济渠道;创设为因食品药品、缺陷产品而受害的消费者提供免费救助的基金制度。在消费者教育上,发达国家多样化的消费者教育和消费者动员参与形式也给我国带来了诸多启发。目前,国际社会的消费者保护行动已经发展到了消费者自觉阶段,具有更高层次的社会意义。到这个阶段,消费者能够跳出狭隘的自我诉求,不只考虑个体消费者利益的维护,而是从维护整体经济环境、社会环境和生态环境的互动关系中理性对待个人消费,不仅构建了科学合理文明的个人消费价值观,更能带动其他人理性消费,促进消费社会与自然环境的和谐发展。

随着我国改革开放的进一步深化,跨国消费、跨国欺诈现象日益增多,由此涉及的各国立法的相互歧异、司法管辖权问题等法律冲突也日益突出。这就要求我国加强与世界各国的通力合作,通过签订双边或多边条约、国际公约等协调解决问题,以更好地保护我国消费者的合法权益。对于跨国企业在消费风险、消费者权益侵害赔偿等方面遭遇的差别对待,政府应该积极为消费者争取公平对待的合理权益,同时从我国国情出发,积极学习发达国家维护消费者权益的经验,提升法律、制度、监管等方面的水平。中国要积极参与各国政府和国际组织举行的双边、多边谈判和有关法规标准的制定与衔接工作,为跨境购消费者营造一个平等、合理、安全、有序的外部环境。

在消费者保护领域,我国政府还需要通过长期努力,使我国的消费者权益保障水平与经济发展水平相匹配,使消费者可以安心消费,同时提升国产品牌的国际声誉与地位。

第三节 案例解析:消费评测类企业的兴起

随着中国经济快速发展,中产阶级数量不断增加,消费者对生活品质的要求越来越高,对日常生活用品、食品等的质量的要求也越来越高。廉价低质的产品已经不能满足消费者的需求。此外,由于信息不对称,消费者难以对商品和市场环境做出准确预测,容易导致不良商家隐瞒信息,寻求自身利益最大化,从而侵害消费者权益的现象。近年来,政府不断完善消费者权益保护的相关法律法规,2018年1月17日,国家工商总局等27个部门联合下发了《关于开展放心消费创建活动 营造安全放心消费环境的指导意见》,发出了维护消费者权益、提振消费者信心的有力信号。该文件提出全面提升消费品和服务质量,加强对老年、婴幼儿等重点人群的消费维权工作,切实做好对老年用品、婴幼儿用品的质量监管,同时加强农村日常消费品质量监督检查,提高城乡消费维权均等化水平。消费者的权益保护意识不断增强,更多的消费者开始寻求社会企业的帮助。在这样的背景下,以消费者教育为主要手段的测评型社会企业如同雨后春笋般纷纷出现。

消费者评测是评测机构将市场上的产品购回,对其进行科学的实验和全面的分析,帮助消费者检验产品是否符合标准,并通过产品评级为消费者挑选出优质产品的行为。消费者评测在国际上已是较为成熟且重要的行业,在维护消费者利益方面发挥着重要作用。

19世纪末到20世纪初,美国涌现了大批第三方评测组织,开展商品检验并出版刊物。1891年,世界上第一个消费者协会——纽约市消费者协会成立。1928年,该协会为响应消费者对更便宜、更安全、更好的商品的需求,以商品检验报告的形式不定期公布最佳购物情报,成立了消费者研究所,成为美国最早的第三方评测机构。1936年,美国消费者联盟从消费者研究所独立,定期出版刊物《消费者月刊》。1961年,《消费者月刊》更名为《消费者报告》。美国消费者联盟现在是世界上最大的为消费者服务的第三方评测机构。20世纪中叶以后，在美国的影响下，欧洲的民间第三方测评机构如雨后春笋般建立起来。例如，国际消费者研究与测试机构（International Consumer Research and Testing，ICRT）在1990年成立，目前在全球拥有30多个成员，是全球最大的第三方评测联合组织之一。今天，在发达国家，第三方评测机构已具有很高的公信力和话语权，它们所出具的报告被媒体广泛采用，获得了消费者的信任，成为不少消费者的购物指南。

在中国，"老爸评测""HomeTest"融合了众筹、粉丝经济等热点，扮演着劣品监督者和良品经纪人的双重角色，以创新的商业模式促进了社会问题的有效解决，是具有较强代表性的与消费者教育相结合的社会企业。

案例1："老爸评测"

一、"老爸评测"的缘起

"杭州老爸评测科技有限公司"（后称"老爸评测"）是一家结合移动互联网、自媒体、众筹检测、合格产品团购等于一身的跨界创新公司，是一家专注于解决有毒有害产品问题的社会企业，其品牌愿景是"成为民间认可的安全放心标志"。"老爸评测"创立于2015年1月7日，创始人魏文锋毕业于浙江大学物理系，曾在浙江出入境检验检疫局从事产品安全检测工作，也曾自己创业开办化学品评估咨询公司。2015年，"魏老爸"发现市面上所售的包书皮中普遍含有危害人体健康的"多环芳烃"和"邻苯二甲酸酯"两项毒害化学物，这引起了广泛的社会关注。"毒书皮"事件之后，"老爸评测"收获了一批以学生家长为主的粉丝，此后还测评了"毒跑道"和"毒课桌椅"。随着影响力不断扩大，"老爸评测"走上了"以商养测"的道路，通过在微信有赞微商城和淘宝会员店销售符合无毒标准的产品来自我造血。

二、"老爸评测"的运营模式

(一)"老爸评测"的定位

"老爸评测"在建立之初的使命是让所有孩子远离有毒有害产品,因此早期的评测产品多为文具等学生日常接触的物品。随着"老爸评测"影响力的扩大,用户的需求不再局限于学生用品,而是向生活用品不断延伸,"老爸评测"的业务范围因此不断拓展。"老爸评测"的目标转换成"将检测和认证的价值通过互联网传递到消费者,成为民间认可的安全放心标志,做一个充满爱的社会企业"。

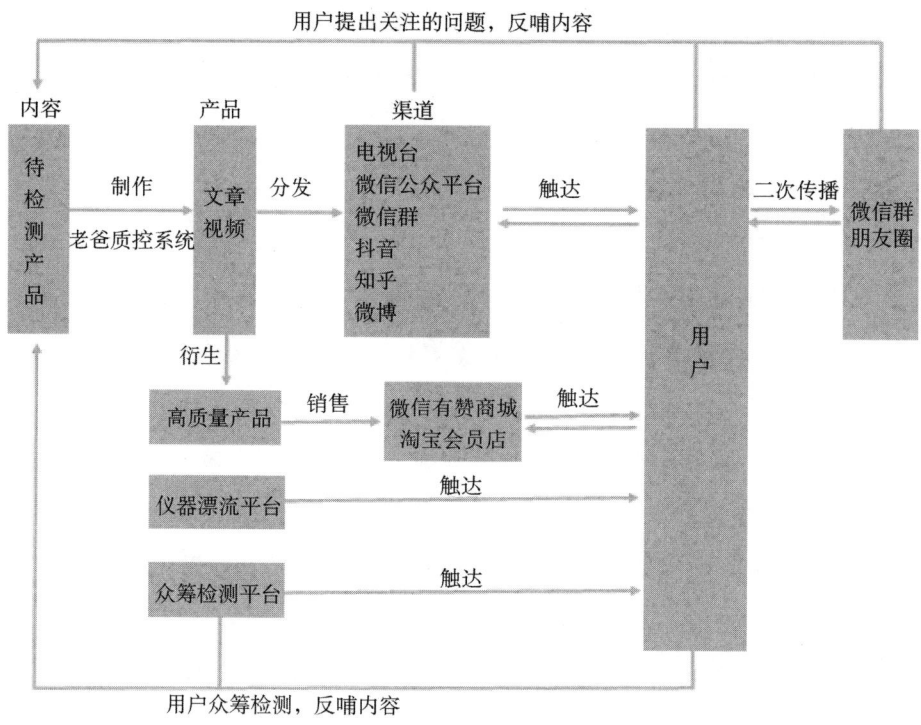

图 5-2 "老爸评测"的运营模式

"老爸评测"定位的成功转变得益于其高质量的测评内容,越来越多的人开始关注这家公司,使得其在消费者中拥有了更高的公信力,由此促成了"老爸评测"的转型。

(二)"老爸评测"的用户

由于"毒书皮"事件的巨大影响,早期"老爸评测"吸引到的用户以微信群中的学生及家长为主,其测评内容也基本围绕学生及家长的需求展开。随着"老爸评测"专业能力的提升、用户忠诚度的提高以及多渠道拓展用户群方案的实施,"老爸评测"适时提出"消费者联合起来,购买出无毒的世界"的理念,更多关注商品质量的消费者成为"老爸评测"的新用户。

"老爸评测"用户群的拓展在带来更高利润和更大社会影响力的同时,也带来更复杂的检测需求,这给"老爸评测"的测评能力带来了多方面的挑战。

(三)"老爸评测"的运营模式

"老爸评测"自建了一套检测标准,测评团队首先确定待检测产品的类型和检测指标,从商家或用户手中获取样品后,将样本送至合作的专业检测机构。"老爸评测"在保存检测报告原件的同时,还将检测结果以视频或图文的方式,通过电视台、微信公众平台、微信群、抖音、知乎、微博等渠道进行传播,达到消费者教育的效果。在此基础上,"老爸评测"搜集用户反馈信息,寻找新的内容增长点。在由团队决定检测项目的同时,"老爸评测"还开发了众筹检测平台,为用户提供一个低价、便捷的自主检测平台,并根据众筹检测结果制作新的内容。"老爸评测"还会择优将通过检测的产品上架到微信有赞商城和淘宝会员店,为用户提供购买优质产品的渠道。此外,"老爸评测"还利用"仪器漂流检测"模式,将自费购入的检测仪器免费借给有需要的用户。

三、"老爸评测"的产品

(一)产品检测报告

"老爸评测"的产品检测报告是它的核心产品,一般通过视频或图文的形式呈现给用户。视频类报告包括投放到微博的长视频和投放到抖音的短视频,由"魏老爸"亲自出镜对用户解释检测报告中的各项指标。图文类报告主要通过微博文章和微信公众号、知乎等渠道投放,同样在内容中插入对产品成分的解释(图 5-3)。"老爸评测"的产品检测报告是立足于其公司目标的首要产品,在完成产品检测、实现消费者教育的同时,可以有效提高老用户的忠诚度,同时发展新用户。

图 5-3 "老爸评测"的产品检测报告

(二)优质产品

"老爸评测"还会将优质产品放到微信有赞商城和淘宝会员店进行售卖(图 5-4)。其优质产品的开发模式是:发现危害物品—检测验证危害—寻找替代产品。"老爸评测"售卖的商品从有翔实检测报告的合格产品中择优选择,直接找厂商订购并接受不定期的滚动抽检,包括学生用具、生鲜食品、母婴用品、家居日用品、厨房用品和智能家电等,每一种商品在商品详情中都标明供应商信息、检测报告和抽检报告等内容。"老爸评测"在商城上架优质产品,这为用户筛选出了更安全健康的商品,为用户提供了更为便捷高效的购买渠道,同时用户在商城购买优质产品也实现了检测费用的众筹,达到了"以商养测"的效果。

图 5-4 "老爸评测"的在线商城

（三）众筹检测平台

在由团队决定检测项目的同时，"老爸评测"还开发出众筹检测平台，使用户能够自发地选择检测产品。用户可以独自承担检测费用或多人分摊检测费用，筹款成功后由项目发起人提供检测样品，以保证检测结果的公平公正。检测结束后，报告仅供分摊众筹测评费用的用户下载。另外，所有用户发起的检测项目及其筹款进度、检验进度均会在平台上公布，使用户可以随时获得项目信息。众筹发起者在选择多人分摊检测时需要自行寻找参与者，这也使得"老爸评测"的用户范围可以扩展到老用户的社交圈。

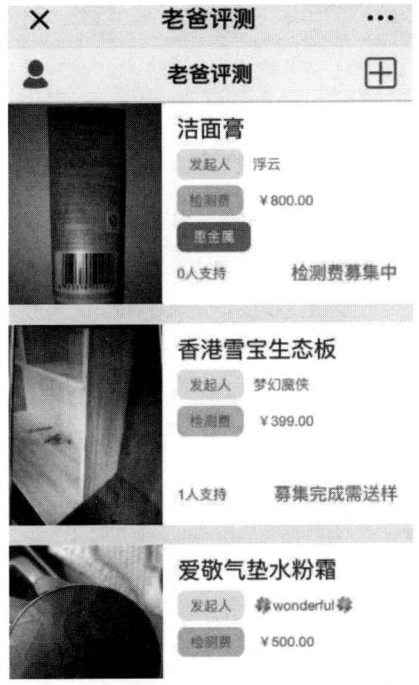

图 5-5 "老爸评测"的众筹检测平台

（四）仪器漂流检测平台

"老爸评测"还建立了仪器漂流检测平台，购入 18 台便携式高精度甲醛检测仪、10 台 TVOC 检测仪和辐射检测仪，免费借给有需要的用户，使用户可以仅支付耗材费用就能对常见有害物质进行检测。由于参与仪器漂流需要用户进行朋友圈集赞,仪器漂流检测平台也成为"老爸评测"发展新用户的主要工具。

图 5-6 "老爸享测"的仪器漂流检测平台

四、"老爸评测"的传播渠道

"老爸评测"的传播渠道可分为两大类:传统媒体和新兴媒体。"魏老爸"及其团队曾多次以评测领域专家的身份登上报纸、广播电台、电视台等传统媒体,包括中央电视台、浙江卫视、广东卫视等。媒体通过报道"魏老爸"的事迹,肯定其开办社会企业的创新行为,这也增强了"老爸评测"的企业公信力。在节目中,"魏老爸"及其团队展现了"老爸评测"的专业性,为"老爸评测"进行了良好的宣传,同时也加强了消费者教育。

在新兴媒体渠道,"老爸评测"在微博、微信、知乎、抖音等多个平台注册了官方账号,将测评结果以合适的形式进行多渠道投放,聚集不同平台的用户。比如,"老爸评测"在微博端发布情境性视频,而在抖音平台发布短视频,这些视频常以谣言和生活常识为切入点,通过"魏老爸"口播的方式迅速抓住用户眼球,言简意赅地说明测评结果;在知乎和微信平台,"老爸评测"则以长篇图文的方式向用户具体说明测评的依据、过程和结论。

微博、微信等新兴渠道强大的二次传播能力也有利于"老爸评测"触达更多的用户。"老爸评测"两大类传播渠道的结合,可以同时聚集年轻人和"熟龄"用户群,针对不同的用户群特点生产不同的内容,通过两大渠道精准送达用户群体,提高了消费者教育的普及程度。

案例 2:HomeTest

一、HomeTest 的缘起

HomeTest 于 2015 年 9 月成立,是中科院博士妈妈创办的食品安全检测机构。HomeTest 的创始团队成员全部为中国科学院博士及海归教授,专业领域覆盖分子生物学、遗传学、微生物学、传染病学及免疫学等多个学科。自成立以来,HomeTest 检测了百余种常见食品,为消费者挑选出了十几种绿色安全的产品。

二、HomeTest 的运营模式

(一)HomeTest 的定位

HomeTest 成立之初以食品安全检测为主,口号是"让天下宝宝健康成长,让更多妈妈变身科学达人"。创始人希望通过 HomeTest 的检测,让宝宝们都能用上安全的东西、吃上安全的食品,让妈妈们从每一篇呕心沥血的科普文章中学到有用的知识。而随着"妈妈粉"的数量逐渐增多,HomeTest 开启了护肤类产品和生活类产品的检测,帮助妈妈们检测生活中所用产品的安全问题。

HomeTest 的定位顺应社会发展的需求,通过妈妈们对婴儿食品安全问题的高度关注,成功找准定位,为宝宝健康成长助力。其创始团队成员均为来自中科院的专业人士,具有分子生物学、遗传学、微生物学、传染病学、免疫学等多个学科的专业背景,测试结果可以获得妈妈们的信任,这些都是促使 Home-

Test 快速发展的重要原因。

（二）HomeTest 的用户

HomeTest 的用户以关注宝宝健康的妈妈为主，十分符合 HomeTest 成立之初的定位。但随着"妈妈粉"数量的增多、宝宝年龄的变大以及社会环境的改变，核心妈妈群的成员对检测产品的需求也有所改变，开始关注塑身、防雾霾、防晒、洁牙、婴儿护肤等话题。因此，HomeTest 也从仅关注食品类的检测，到开始关注美妆品、护肤品及生活用品的检测。对美妆品类、护肤品类及生活品类商品的检测，会吸引更广泛的人群关注 HomeTest，例如大学生群体、中老年群体等。

HomeTest 通过满足妈妈群对婴儿食品安全问题的需求，收获了一批忠实粉丝；再通过挖掘妈妈粉丝群的其他日常需求，扩展测试内容，从而获取妈妈群以外的新粉丝群体，以此不断循环。HomeTest 以现有用户为核心，满足其需求，从而不断拓展粉丝类型和数量。这种方式有利于管理核心用户、拓展用户范围，从而使 HomeTest 服务更多人群。

（三）HomeTest 的运营

HomeTest 的制作人首先要明确测试的产品，通过生物科学的方式对产品进行检测，录制检测过程，通过微信群、微信公众号、微博、知乎、视频网站、抖音等不同形式传播检测结果。经过用户群体在其朋友圈、微信群的二次传播，HomeTest 能够吸引到更多用户。一些用户在观看测评视频、阅读测评文章后，会对测试过程、测试方法及希望拓展的测试品类进行反馈，从而反作用于被检测的产品，以此形成良性循环，不断增强用户黏性、拓展检测范围。

HomeTest 还开发了简易的检测试纸，使用户在家就可以检测一些自己使用的产品，判断产品是否合格。HomeTest 在微信上开通产品销售渠道，所售产品均经过其检测并认定合格。除此之外，HomeTest 还与北京电视台、腾讯视频等合作开发"丁妈课堂""好玩儿爸"等科普类、儿童趣味实验类节目。

HomeTest 的运营模式形成了良性闭环,内容建立在用户反馈的需求基础之上,内容的呈现形式丰富多样,渠道又与产品相对应,用户可以通过各种渠道获取 HomeTest 的内容。这种运营模式有助于增强内容的有效性、产品的丰富性以及用户黏性。

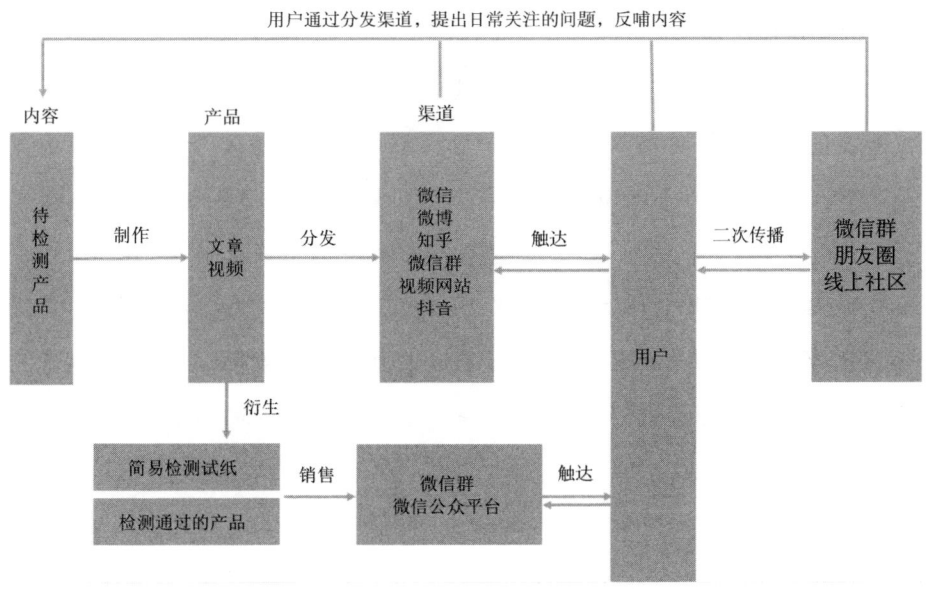

图 5-7　HomeTest 的运营模式

三、HomeTest 的产品

(一)发布待检测产品的测试报告

HomeTest 的评测内容的展现形式主要有两种,一种是文字类,另一种是视频类。文字类测评内容通过微信公众号、微信群、微博、知乎等平台呈现给用户,视频类测试内容通过视频网站、抖音等渠道触达用户。这是 HomeTest 最核心的产品,HomeTest 以此满足用户对产品安全的基本需求,进而聚集用户,以助力其他产品的发展。

(二)售卖安全测试盒

HomeTest 还研发简易测试盒,在视频网站上发布关于测试盒使用方法的视频,在微信公众号、微信群售卖安全测试盒。消费者可以购买HomeTest的测试盒,回家自己动手实验,测试产品的安全性。这既给用户带来了具有科学性和趣味性的实验体验,也有效帮助了用户深入了解他们所使用的商品。

(三)售卖测试安全的产品

HomeTest在微信公众号、微信群等渠道推荐、售卖通过测试的安全产品,包含美容美发类、护肤类、保健品类、食品类、电器类、清洁类等产品,这些产品既适用于妈妈群体,也适用于宝宝群体。销售平台为用户提供了便捷的购买渠道,并且有HomeTest为产品做背书,用户的消费信心得到了很大程度的保障。

此外,HomeTest还效仿拼多多发起拼团活动,在合适的时机推出特定的拼团活动。例如在雾霾严重期间,其发起防雾霾口罩的拼团活动,既为用户提供了便捷的购买渠道,也为用户提供了较为优惠的购买价格,有助于提升用户的信任感。

(四)开发科普类实验节目

HomeTest在传播内容上也有新的尝试,与北京电视台、腾讯育儿芝麻堂等多家媒体成为线上战略合作伙伴,推出"丁妈课堂""好玩儿爸"等科普和儿童趣味实验节目。这些节目同时在微信公众号中投放,以科普视频的方式向用户传播科学知识。

HomeTest的产品涵盖了测试报告、测试工具、产品售卖及科普视频四大类型,其中测试报告和测试工具解决了用户对食品、化妆品、日常生活用品等的安全顾虑,为他们挑选出适合使用的产品;产品售卖为用户提供了方便的购买渠道,用户之间可以拼团,有较好的购买体验;科普视频为妈妈群体赋能,既能帮助妈妈群体学习科学内容,也能以一种富含趣味性的方式帮助宝宝接触科学知识。这些产品的组合,在很大程度上满足了粉丝群体的需求。

四、HomeTest 的传播渠道

HomeTest 的传播渠道主要可以分为三大类：官方宣传渠道、第三方转发渠道和新媒体渠道。HomeTest 的官方宣传渠道包括微信公众号、微博、知乎等平台的官方账号，借助官方平台发布检测结果、售卖产品、传播科普视频。第三方转发渠道包括腾讯、百度、今日头条等资讯客户端，儿科医师专业资料库、乳业资讯网、"最后一滴水"等行业 KOL，这些渠道使 HomeTest 能够触达更多用户群体，扩大粉丝量。新媒体渠道包括微信群、抖音平台等。微信群承载着 HomeTest 的核心用户，用户在微信群中与 HomeTest 的工作人员互动，提出自己的检测需求，还能与其他用户交流产品使用感受。HomeTest 的工作人员在群里向用户推送检测报告、售卖检测安全的产品，有利于增强用户黏性，留存核心用户。入驻抖音平台使 HomeTest 能够将日常检测过程、检测结果、与孩子的科学互动等以短视频的方式展现给用户，有助于发展潜在用户群体。

官方宣传渠道、第三方转发渠道以及新媒体渠道的搭配，使得传播更加有效，覆盖的用户群体更加广泛。官方宣传渠道有利于用户快速获取信息；第三方转发渠道可以帮助 HomeTest 获取新的用户群体，并间接表明 HomeTest 的权威性，增强用户的信任度；新媒体渠道可以帮助 HomeTest 接触年轻群体，以更加有趣的方式传达枯燥的内容，发展潜在用户。

在食品安全受到威胁的社会环境中，HomeTest 的创始人以其专业知识背景为食品安全问题提供了一个解决方案，建立了良性运转的食品评测闭环系统。妈妈群体十分关注食品安全问题，因此 HomeTest 成立之初就能够很快获得首批用户。随后根据用户的不同需求，不断丰富、拓展闭环中的内容、产品，与时俱进，尝试新的方法和渠道，从而获取更多用户。同时，HomeTest 还与专业机构合作，提升企业的知名度和权威性，在努力开展消费者教育的过程中，也通过专业扎实的内容使企业获得美誉，站稳脚跟。

资料链接：

2017年12月7日，由深圳市品质消费研究院、消费者报告、优恪、HomeTest、小红花测评等第二方测评机构共同组成的"中国品质消费测评联盟"在北京成立。至此，一个中国版的ICRT诞生。中国品质消费测评联盟旨在将先进的国际测评经验引入中国，为消费升级助力。联盟成员之间将发起联合测评项目，共同发布测评报告，携手推动品质消费及第三方测评的传播。除HomeTest外，其他成员简介如下：

一、深圳市品质消费研究院

深圳市品质消费研究院是由深圳市消费者委员会牵头发起，以国际一流品质标准作为参照，站在消费者立场上整合国际专业检测机构，因地制宜地对商品进行主观和客观测评的第三方品质测评机构。

深圳市品质消费研究院的核心业务有：

第一，开发品质标准，实施品质监督。从消费者的视角出发，参考以欧盟为主的国际一流标准，加速国内标准与国际接轨。

第二，品质测评。通过好人举手活动（企业递交申请表，提供产品的所有必需资料，包括执行标准、产品特性、影响身体健康的化学安全报告等，由深圳市品质消费研究院基于国际一流标准进行品质检测）对产品进行品质测评，通过后该产品将获得品质证书，深圳市品质消费研究院将授予其品质标识，并通过消费者长期监督抽查制度保障品质稳定。

第三，发表专项测评报告。比如茶叶、护眼灯、电冰箱等产品的专项测评。

第四，NPS口碑指数调查。NPS（Net Promoter Score，消费者推荐度指数）是国际通行的消费口碑评价与顾客推荐度评价体系。

二、消费者报告

消费者报告是专注于产品及服务的第三方测评和传播的专业机构，旨在通过中立的对比测评，为消费者提供科学、理性的消费参考和消费指引信息。

消费者报告以"优选"为导向，选取的测评对象均为知名度较高或市场份额较大的品牌，旨在通过中立的对比测评，为消费者甄选出品质卓越的产品与服务。

消费者报告依托遍布全国的数十家 CEC 消费者体验中心，于 2017 年 3 月在北京正式启动"品质消费中国行"系列活动，为消费者解读第三方对比检测报告，提供品质消费指引及消费维权服务。

三、优恪

优恪由传媒人罗昌平带领新锐互联网团队于 2014 年组建，优恪品牌源于德国独立测评机构 ÖKO-TEST，是 ICRT 成员，由数十家经德国认证认可委员会（DAKKS）认可的第三方实验室提供科学支持，北京优恪科技有限公司负责运营。

优恪秉承德国母品牌的优秀传统，坚持独立、客观、公正的原则，与欧洲第三方实验室一起测评了近 3 000 款产品，并通过优恪官方网站、微博、微信、App 及其他合作媒体等为中国消费者提供科学、实用的消费品测评报告和延伸体验。优恪测评的产品涵盖母婴、食品、化妆品、日化、家居、家电及纺织品等多个领域，致力于为中国消费者挑选出真正优质的商品。

四、小红花测评

小红花测评的创始人是《消费者报道》的创办者。小红花测评聚焦于"选择困难症"更严重、对理性和精准消费需求更强烈的亲子家庭，为他们推荐更安全、性价比更高的儿童和家庭消费品。

小红花测评与 HomeTest 相似，但也有不同。小红花测评所测试的产品多为婴儿用品，从食物、衣服、尿布到护肤霜等，用户集中在妈妈群体；HomeTest 则以妈妈服务为核心，通过妈妈群的需求来拓展评测内容。

第四节 小结

保护消费者权益是一项面向全社会的系统工作。从增权的角度来解读，政府在制度供给型增权方面发挥了不可替代的作用，在维护社会经济秩序、保护消费者合法权益和促进中国市场经济健康发展等方面取得了卓有成效的成绩，向人们展示了制度供给型增权的功能和意义，在中国消费生活的各个方面都产生了深远的影响。全面保护消费者的合法权益，营造一个健康有序的消费环境，不是一个部门、一部法律可以完成的，要综合利用社会资源，才能满足消费者的需求并适应社会的发展。消费者问题是全社会共同关心的话题，应当建立和发挥各相关主体的功能，政府、社会组织、企业以及消费者都有着不可替代的作用。

政府保护、生产经营者自律和社会监督相结合是我国现行的消费者权益保护模式。政府保护是指国家权力机关、行政机关、司法机关的职能保护；经营者自律是指通过生产经营者、行业协会等制定的行规惯例约束经营者的行为，督促其守法经营；社会监督是指包括消费者组织在内的机构及媒体、个人等对侵害消费者权益的行为进行监督。从管理者角度来说，保护消费者主要通过完善司法体系来制约某类侵权行为，或通过制度设定赋予消费者更多的权能获取途径。但制度和法律总是具有滞后性，而且落实效果也需要进一步检验。这类保护模式的效果是缓慢而持久的。经营者自律则完全靠经营者的道德素养和自觉性，无法保证所有经营者都能做到不侵犯消费者的权益，而且身份角色也决定了经营者考虑问题不可能完全顾及消费者的权益。只有全民参与的社会监督才能敏锐地洞悉消费者权益受侵害的最新情况，并及时做出应对。但作为社会监督的一部分，媒体专业性往往不足，而消费者个体往往因为维权成本过高等而选择忍耐和沉默，不愿在消费维权上花费太多精力。

因此，对于我国的消费者权益保护体系来说，在社会变革与技术变革同时发生的当下，国内的消费者保护体系也面临着诸多挑战。在政府监管能力不足与社会组织不健全的现实条件下，技术因素对于我国消费者增权而言将起到不可忽视的作用。技术途径与方法呈现出多元复杂的形态。互联网对经济和社会的变革发挥着巨大作用。在消费者保护方面，互联网除了对消费者信息供给型增权具有推动作用外，在制度、法规以及治理水平的提升方面也发挥着不同的促进作用。

同时，政府也应善用社会资源，加强同社会力量的协作，调动行业协会、消费者等多方力量，完善对新兴产业和新型商业模式的监管与治理，利用互联网的连接特性，形成全社会共同参与和共同治理的新格局。此外，还应积极学习发达国家的先进经验，参与国际合作，确保能够让消费者放心消费，促进经济的良性发展。

第六章 结 语

市场经济是消费者权益得以实现的经济基础。政府在经济制度的选择上,通过引进市场要素,进一步解放了生产力,提高了全社会消费品生产和供给的能力和效率。商品短缺这一困扰我国居民生活的问题得以有效缓解。制度性约束下的劳动者在消费生活上得到部分满足,成为市场中的消费者。这种主体身份的转变不仅在现实的经济生活中被践行,在制度层面上也得到了一定的保障。

随着改革的深化,生产关系的解放迅速提升了生产力。经济水平的提升促进了消费需求的迅速扩大,消费水平和层次不断提高。消费已成为推动经济和社会发展的重要动力。然而,经济快速发展也引起了道德文化价值观的失范,侵害消费者权益的情况屡见不鲜。消费者权益事关供给结构和需求结构的升级,成为我国经济转型升级和可持续发展过程中不可忽视的问题。

第一节 我国消费者保护历程的特征、路径与意义

一、消费者保护历程的特征与路径

（一）消费者增权是实现消费者保护的有效途径

在现代市场经济条件下，在信息占有上处于优势地位的生产经营者与处于劣势地位的消费者之间的关系不对等，实质上是一种支配与被支配的不平等关系。道格拉斯·诺斯（Douglass C.North）指出："如果预期的净收益超过预期的成本，一项制度安排就会被创新。"生产经营者对消费者的侵害不仅损害个体的利益，也会危害社会经济秩序。权益受损的消费者有充分的动力去改进现有制度安排，明确消费者权利和生产经营者义务的契约保护制度——消费者保护制度就成为一种可行的新制度安排。因此，各国的立法都强化对消费者的保护。然而，完善的法律体系固然是维护消费者权益的基础，但管理部门加强对市场主体的监管、消协组织优秀的协调能力、消费者更强的自我保护意识与行动以及配套措施的有力贯彻才是确保法律落到实处的关键。

增权就是使消费者发现自我权利的能力和机会。消费者既是权利被损害的对象，也是最有动力参与监督的社会力量。消费者增权联结了个体力量，自发形成的互助系统充分激发了个体的潜能和群体的作用，将消费者个体的利益获取与广泛的经济社会、政治环境密切联系在一起，将对社会政策和社会变革起到有效的促进作用。消费者增权就是要通过教育使消费者获得发现自身弱势地位的能力，进而采取行动来改变现实。可持续的消费者增权不仅是要改变个体行为，而且要改变整个系统。消费者增权可以通过

个体内在潜能的激发与外界的推动来有效提升权能,从而提高消费者权益保护的水平。

(二)我国消费者保护的实施路径与发达国家迥然不同

现实中的权利实现不可能超越原生的社会经济结构以及受其制约的社会文化背景。对比发达国家与中国消费者权益保护的发展历程,可以发现不同的历史环境和社会背景决定了两者不同的消费者权益保护体系和实现路径。西方发达国家消费者增权模式的发展路径有其特定的历史背景和社会背景。与国际社会消费者保护运动经历自下往上的权利抗争、组织形成与倒逼法律出台不同,我国的消费者保护有着迥然不同的发展路径。

我国政府在社会治理方面具有强大的动员力与控制力。在经济恢复发展的初期,立法机构和职能部门普遍倾向于维护生产者而非消费者,对消费者的认识与定位还处在非常浅层的阶段,缺乏对消费者保护的重视。同时,在物质相对缺乏的状态下,消费者还未形成对自身权益的普遍性认同。在法规制度供给层面,尤其是执法落地和制度落实方面,我国也滞后于西方发达国家。在组织建设层面,我国仅仅建立了市场监督管理系统下的消费者权益保护局和消费者协会,尚未形成多层次、多类型、多协同的消保体系。因此,我国的消费者保护体系建设缺乏整体的大众运动、媒介启蒙、团体争取的过程,对与消费者权益相关的范畴界定、法治建设、组织架构等也都缺乏系统的自下而上酝酿的过程。

从增权角度来解读,制度供给型增权是我国消费者权益保护初创和形成阶段的主要增权路径。政府在组织建设、宣传动员方面完全控制着消费者保护体系的发展节奏,包括对消费者协会的定位、媒介的宣传引导,也都服从于社会治理、舆论宣传的需要。通过强制性的信息供给为消费者增权,能够缓解生产经营者与消费者之间的信息不对称现象,有利于保护消费者的权益,这也是市场有效运行不可缺少的因素。但是,随着生产力的进一步解放,扩大消费者的自主性,发挥消费者的主观能动性,成为消费者保护可持续发展的必然选择。

(三)互联网扩展了消费者增权的空间

马克斯·韦伯(Max Weber)坚信"人类的动机和理念是变革背后的原因,思想、价值和信息具有推动转变发生的力量"。互联网的传播特性使网民获得了自我表达和自由沟通的权利,这些特性在潜移默化中影响着网民的认知、思想与动机,改变了个体的观念与意识,个体与个体之间的连接方式向去中心化的信息传播格局、社会权力结构重组转变。互联网作为虚拟的社会空间,与真实社会彼此映射,并相互影响、相互渗透。

互联网在信息传播方面的迭代升级以及由此衍生出的新型关系网络,在一定程度上营造出新型的社会权力结构,给社会进步提供了新契机。在此基础上,消费者自我增权与群体增权成为可能,并进一步促进了组织增权。互联网带来的不仅是技术结构或商业模式的颠覆式创新,更是个体对自身和所在群体、组织和生存空间的重新认知,从而使人们以不同于以往的方式看待个体与个体、个体与群体之间的关系。新的认知也将驱动个体思维和行为方式发生改变,进而推动建立一个具有新特征和新形态的社会结构。

2008年金融危机在全球范围内爆发之后,我国政府认识到切实保护消费者权益是拉动内需、刺激消费的重要举措之一。此外,信息技术使远程购物日益繁荣,但也带来了新的消费者权益侵害的难题。消费者利用网络信息传播的方式和内容掌握信息知识和社会资源,拓展社会交往网络,提升自我效能,实现自我认同。在这一协同共生的环境中,消费者群体的权利意识被唤醒和强化。消费者通过网络表达利益诉求实现增权的过程,也是安全权、知情权、选择权等法定的消费者权利增加和实现程度不断加深的过程。

互联网增权促进了消费者权利意识的觉醒,他们形成松散的消费者自组织,成为推动消费者保护进程的重要力量。互联网增权使社会中有机会使用互联网并有可能通过使用互联网而提升权利的消费者个体，能通过信息获取、互动沟通、参与决策和采取行动的实践过程，实现改变自己不利处境的愿望，或者提升个体的权利和能力。互联网创造了倡导、动员社会关注消费者权益的平台，提供了革新理念和行动的工具，获得了更多有利的社会资本，整合了社会各方面的资源，为推动有关政策法规的出台、形成舆论引导的优势、实现消费者保护教育等助力。消费者利用互联网平台，在个体心理、集体意识和自组织形成等层面实现了增权，一定程度上提高了消费者改变弱势地位的能力。总体来看，互联网增权从信息型增权和制度型增权两个方面，在自我增权、群体增权和组织增权三个层面提升了消费者权利，促进了消费者权益的保护。

激发消费者个体的潜力，实现从自我权能的提升到群体力量的连接是互联网在消费者增权方面的重要贡献。互联网系统具有开放性、自我进化的本质特点，其自愈和纠错能力使得其在结构生成、信息流动、协同运作和与社会相融共生的机制下，不但可以通过自我进化完善系统的社会适应性，还可以激发消费者的个体智慧与群体协作潜能，使技术与个体、社会的协同进化有可能沿着理性、智慧的路径发展。

此外，增权是一个权利转移和重新建构的过程，也是一个动态变化的过程。增权的同时也可能削权，对主体产生其他不可控的影响。如果没有观念的升华、制度的理性和人类对共同命运的自觉，技术也许无法增加消费者的权利。技术在具体文化背景下有其复杂性和多样性。中国的具体市场情境、思想和视野的限制、群体组织的无序和松散以及增权行为的不稳定性，也容易使谣言滋生，使虚假伪劣泛滥。互联网技术是消费者增权的重要推手，但也需要政府、企业以及其他社会力量的共同努力。忽略具体的语境与行动，任何简单的规制、共识都可能使消费者增权的进程产生新的问题。

二、消费者保护研究的意义

本书以消费者增权为研究重点,探讨了在互联网背景下这一主题的理论建构与实践变革,其主要意义体现在以下两个方面:

(一)理论贡献

一是丰富消费者增权的内涵。本书在理论层面充实了消费者增权的内涵,通过探讨互联网对信息结构的改变进而重构消费者权利,将这一研究主题置于互联网重大技术变革的背景下,呈现出更加丰富多元的形式和变化。这不仅开拓了消费者增权研究的全新视角,也对消费者增权的影响进行了展望。

二是总结消费者增权的中国模式。增权的理论研究涉及社会学、传播学和营销学等多个学科领域。一直以来,相关研究都着眼于通过西方模式来看待中国问题,而真正植根于我国现实政治、经济、文化和技术环境的研究较少。互联网技术给予中国新兴行业弯道超车的机会,重塑了中国的市场竞争格局,也为消费者增权提供了前所未有的机遇和可能。本研究将互联网时代下中国的商业环境作为研究的现实背景,对消费者信息型增权的具体表现及其实现路径进行了总结,对中国特色的消费者增权模式进行了尝试性的建构,这也为其他国家提供了一定参考。

(二)实践意义

一是对企业营销理念的提升具有启发意义。以消费者为中心是市场成熟期营销理论的中心主旨。通过梳理发达国家的消费者教育和消费者维权的历史,可以发现,随着消费者的成熟,消费者对企业的责任要求必然有所提升,更加重视关系身心健康的食品、药品行业的品质。在消费者运动浪潮的推动下,发达国家的企业逐渐开始关注在公众沟通、危机公关等方面的投入,进而催生了企业社会责任理念。

随着互联网技术的日益进步,中国消费者的增权空间发生了前所未有的变化。企业要重新认识消费者,善用增权理论发挥消费者潜能,在营销环节实施消费者增权战略,推动消费者与企业的沟通,使之增强对企业的参与感与认同感。

二是对于消费者保护体系的完善进行反思并提出建议。消费者权益保护需要多方的参与和协作。发达国家的经历表明,消费者是推动政府、社会组织完善市场监管体系、健全市场监管机构建设的重要力量。近年来,中国的社会环境与市场环境都发生了巨大变化,尤其是互联网对社会权力结构的冲击和影响,使以往的消费者保护体系和监管体系的有效性受到巨大挑战,但也从技术角度带来了更多升级改造的机遇。要更好地发挥消费者的力量,借用互联网技术手段,不断完善现有体系。

第二节 对后续研究的展望

本书对相关研究理论的应用深度与论述广度还有待进一步提高。与消费者增权的过程以及消费者增权所能达到的高度有关的研究,在国内外都处于探索阶段。本书对增权的认知主要限于对相关应用领域的经验的总结,缺乏对典型个案的深度剖析与阐述,同时在相关理论的整合提升方面尚有待提升。

本书在消费者个体和群体增权提升的效果方面缺乏量化分析。关于互联网技术对消费者增权的潜能激发以及实现途径的研究主要采取定性分析方法,对消费者增权效果的考察缺乏对消费者个体的实证分析。未来可以在开拓消费者个体对增权效果感知的实证研究,以及对企业运用消费者增权理念在商业模式与营销创新中的典型个案研究等方面着力。

凡事兴一利必生一弊。互联网给中国社会发展带来的积极变革是巨大的,但同时它造成的社会失范、失序、失控也是不容回避的事实。我们需要寻找一种共识、规制来达成新的治理规范,抑或用一种新的思路、观念来理解互联网。互联网既可能实现消费者的协同与共享,提升消费者作为弱势群体的话语权和行动权,又极易形成"信息茧房",造成群体极化和权力滥用。互联网的自组织特性和社会情境的复杂性使权力的转移可能是参差不齐的,甚至有时是非理性和盲目的。互联网在给消费者信息供给型增权带来巨大变革的同时,也在某些方面放大和加速了对消费者权益的损害,比如远程购物中的欺诈、个人信息泄露等,这些问题都有待解决。

重视消费者保护,意味着保障个体追求品质生活的权利,也意味着追求构建一个公平的社会环境,这是一个没有止境的历史进程。

参考文献

[1]伯杰.传染:塑造消费、心智、决策的隐秘力量[M].李长龙,译.北京:电子工业出版社,2017.

[2]弗里德曼.弗里德曼文萃[M].高榕,范恒山,译.北京:北京经济学院出版社,1991.

[3]高村勋.消费合作社经营论[M].北京:中国农业出版社,2002.

[4]顾继东,秦悦民.亲身体尝:互联网思维下的消费者保护[M].上海:复旦大学出版社,2017.

[5]河山.消费者权益保护法诠释[M].北京:法律出版社,2014.

[6]铃木深雪.消费生活论:消费者政策(修订版)[M].张倩,高重迎,译.北京:中国社会科学出版社,2004.

[7]刘建刚,董琳.互联网金融消费者权益保护法律实务[M].北京:中国物资出版社,2016.

[8]马克思.哥达纲领批判[M].中共中央编译局,译.北京:人民出版社,1971.

[9]莫耶学,赫特.宏观市场学[M].程东跃,肖经建,涂永式,译.北京:商务印书馆,1990.

[10]尼葛洛庞帝.数字化生存[M].海口:海南出版社,1997.

[11]仇立.中国城市消费者互联网顾客关系质量及顾客忠诚影响机制研

究[M].天津:南开大学出版社,2018.

[12]舍基.未来是湿的[M].胡泳,译.北京:中国人民大学出版社,2009.

[13]师曾志,胡泳.互联网增权及意义互联网的兴起[M].北京:社会科学文献出版社,2014.

[14]施密茨,鲁尔.与未来握手:在线纠纷解决机制与互联网消费者权益保护[M].胡晓霞,译.北京:北京大学出版社,2020.

[15]王博.消费模式变革下的消费者保护法研究[M].大连:东北财经大学出版社,2017.

[16]吴晓波.激荡三十年:中国企业 1978－2008[M].北京:中信出版社,2007.

[17]尹优平,盛浙湘.互联网金融消费者权益保护研究:基于行为金融监管的视角[M].北京:中国金融出版社,2017.

[18]张严方.消费者保护法研究[M].北京:法律出版社,2003.

[19]赵秋雁.电子商务中消费者权益的法律保护:国际比较研究[M].北京:人民出版社,2010.

[20]钟瑞华.消费者权益及其保护新论[M].北京:中国社会科学出版社,2018.

[21]曹天翔.消费者权益保护视角下大数据"杀熟"现象的研究[J].农村经济与科技,2020(6):111,129.

[22]陈桂连.金融消费者权益保护如何"对症下药"[J].人民论坛,2017:96-97.

[23]陈树强.增权:社会工作理论与实践的新视角[J].社会观察,2004(1):45-45.

[24]陈运华.我国消费者权益保护的经济分析及法律思考[J].江汉论坛,2001(1):91-94.

[25]迟福林.消费主导的改革与中国前景[J].人民论坛,2012(9):46-47.

[26]丁彩霞.消费者运动与近代民事立法的变革[J].内蒙古大学学报

（人文社会科学版），2000(S1)：119-123.

[27]丁未.新媒体与赋权：一种实践性的社会研究[J].国际新闻界，2009(10)：76-81.

[28]窦曼雅.论电子商务中消费者权益的保护[J].长江丛刊，2020(4)：133-134.

[29]范斌.弱势群体的增权及其模式选择[J].学术研究，2004(12)：73-78.

[30]郭国庆，李光明.消费者增权理论的最新进展及其启示[J].中国流通经济，2010(8)：58-61.

[31]国世平，冯婷婷.消费者权益保护的国际借鉴[J].广东财经大学学报，2008(1)：30-33.

[32]韩晶.诺斯的制度变迁理论及其现实意义[J].经济与管理评论，2000(4)：3-6.

[33]洪兵.《南方周末》与中国消费者权益维护运动[J].新闻大学，1998(2)：40-45.

[34]金泽良雄.消费者政策的意义及其观点[J].法学家，2001(13)：27.

[35]李佳宜.网购模式下消费者权益保护探析[J].法制与经济，2020(9)：60-61.

[36]李玉虎.消费者增权理论与我国消费者权益保护法的完善[J].财贸研究，2008(4)：132-136.

[37]梁慧星.消费者运动与消费者权利[J].法律科学，1991(5)：37-42.

[38]梁颐，刘华.互联网赋权研究：进程与问题[J].东南传播，2013(4)：19-22.

[39]林晓珊.消费维权运动中的市场、国家与消费者组织：消费公民权的一个分析框架[J].学术研究，2012(7)：56-63.

[40]刘光华.关于我国消费者权益保护政策的若干思考[J].科学·经济·社会，2000(1)：51-54.

[41]刘慧宜.互联网时代金融消费者权益保护分析[J].财经界,2020(26):249-251.

[42]刘俊海,徐海燕.论消费者权益保护理念的升华与制度创新:以我国《消费者权益保护法》修改为中心[J].法学杂志,2013(5):27-38.

[43]刘振彪.我国消费者增权探析[J].消费经济,2007(4):74-77.

[44]彭华民.消费者运动论[J].社会,1999(2):44-46.

[45]钱玉文.消费者权的确立与演变:制度变迁视角的解读[J].现代法学,2010(1):74-85.

[46]师曾志.公共传播视野下的中国公民社会的发展以及媒体的角色:以汶川地震灾后救援重建为例[J].传奇·传记文学选刊,2009(1):15-20.

[47]王利明.关于消费者的概念[J].中国工商管理研究,2003(3):39-39.

[48]王利明.消费者的概念及消费者权益保护法的调整范围[J].政治与法律,2002(2):3-12.

[49]王宁.消费者增权还是消费者去权——中国城市宏观消费模式转型的重新审视[J].中山大学学报(社会科学版),2006(6):100-106.

[50]王肃元.制度安排与消费者权益的保护[J].科学·经济·社会,1998(2):63-66.

[51]吴克宇.论日本消费者政策法的新发展[J].消费经济,2006(5):92-95.

[52]武鹏飞.分享经济视域下消费者权益保护问题初探[J].法制博览,2020(2):205-206.

[53]许留芳.网购消费者权益分析及保护探讨[J].法制与社会,2020(2):140-141.

[54]杨屹峰.微商环境下消费者权益保护策略探讨[J].产业与科技论坛,2020(11):37-38.

[55]喻国明,马慧.关系赋权:社会资本配置的新范式:网络重构社会连接之下的社会治理逻辑变革[J].编辑之友,2016(9):5-8.

[56]张小平,周少青.社会变迁与消费者权益保护法[J].新视野,2004(5):61-63.

[57]章礼清."3·15"的来历[J].青年科学,2004(3):47.

[58]著名经济学家厉以宁再论"王海"现象[J].城市技术监督,1997(10):19.

[59]庄园.网络购物中对消费者权益的保护[J].广西质量监督导报,2020(7):268-269.

[60]李闰哲.消费者保护法律制度比较研究[D].重庆:西南政法大学,2007.

[61]陈垚.让违法经营者"处处受限":对话国家工商总局消费者权益保护局局长杨红灿[EB/OL].(2014-10-09)[2021-06-23].http://www.infzm.com/content/104609.

[62]狄晓璐,陶海军.第一个消费者组织:诞生于河北省新乐县[EB/OL].（2015-03-13）[2021-06-15].http://finance.sina.com.cn/china/20150313/205121718455.shtml.

[63]国家工商总局发布《中国消费者权益保护年度报告》[EB/OL].(2016-04-28)[2021-06-23].http://www.ccn.com.cn/330/571317.html.

[64]何鹏宇.金融消费者保护局应独立[EB/OL].(2011-12-05)[2021-06-23].http://finance.sina.com.cn/review/hgds/20111205/160510936698.shtml.

[65]回顾历年315晚会主题和曝光产品[EB/OL].[2021-06-15].http://blog.sina.com.cn/s/blog_4ce3555d01017obz.html.

[66]回眸315重走30年维权之路[EB/OL].(2015-03-10)[2021-06-15].http://finance.qq.com/a/20150310/069218.htm.

[67]李健.一会两站:消保维权事业的"三湾改编"[EB/OL].(2008-09-10)[2021-06-23].http://www.lawtime.cn/info/xiaofeizhe/xfwqsx/2010100 99782.html.

[68]联合国保护消费者准则[EB/OL].[2017-01-12].https://www.docin.com/p-1768540655.html.

[69]尼尔森.2015海淘消费者生活形态购物偏好分析[EB/OL].(2016-05-22)[2021-06-12].https://www.sohu.com/a/76563085_334205.

[70]钱霄峰.三本书改写美国食品安全史[EB/OL].(2007-07-25)[2017-01-12].http://www.infzm.com/author/％E9％92％B1％E9％9C％84％E5％B3％B0.

[71]全国"维权十佳"评选活动揭晓[EB/OL].(2001-03-16)[2021-06-15].http://news.sina.com.cn/c/209100.html.

[72]三本书改写美国食品安全史,这会是第四本吗?[EB/OL].(2012-04-29)[2017-04-29].https://book.douban.com/subject/6853927.

[73]宋雪莲.中国"消费者组织":23年的欣慰与无奈[EB/OL].(2007-04-13)[2021-06-23].http://www.ce.cn/cysc/cysczh/200704/14/t20070414_11035743.shtml.

[74]孙冰.阿里呼吁:像治理酒驾一样打假[EB/OL].(2017-09)[2021-06-23].http://finance.sina.com.cn/roll/2017-03-06/doc-ifycaafm5431194.shtml?cre=financepagepc&mod=f&loc=3&r=9&doct=0&rfunc=100.

[75]王薇.个人送检瑕疵商品:高门槛难倒消费者[EB/OL].(2014-03-12)[2021-06-23].http://news.xinmin.cn/shehui/2014/03/12/23746422.html.

[76]新消法支持"知假买假" 职业打假人或迎春天[EB/OL].(2014-03-19)[2021-06-19].http://www.chinanews.com/fz/2014/03-19/5966501.shtml.

[77]职业举报人出没在鹏城[EB/OL].(2014-10-09)[2021-06-15].https://xuewen.cnki.net/CCND-SZSB20141009A041.html.

[78]中国消费者运动历史上的第一次[EB/OL].[2021-06-15].http://baike.baidu.com/view/1468294.htm.

[79]宋雪莲.中消协:从"化缘"到"吃皇粮"[J/OL].中国经济周刊,2007-05-15[2021-06-15].http://news.cctv.com/financial/20070515/100345.shtml.

[80]BERNOFF J.消费者赋权时代的市场营销管理[R/OL].(2010-10-25)[2016-10-29].https://www.forbeschina.com/articles/16657.

[81]牛播坤,余芽芳.新消费系列报告一:这样的消费大潮你怎能错过?[R/OL].(2015-04-30)[2017-04-29].https://www.doc88.com/p-6867803392914.html?r=1.

[82]中国旅游研究院.2020中国出境旅游发展报告[R/OL].(2020-11-12)[2021-06-12].https://wenku.baidu.com/view/06da60120a12a21614791711cc7931b765ce7bbb.html.

[83]李艳红.故事·表演·表达:当代中国传媒与消费者运动研究[Z].台湾中华传播学会年会论文,2001.

[84]BARKSDALE H C,DARDEN W R. Consumer attitudes toward marketing and consumerism[J].Journal of marketing,1972,36(4):28.

[85]CHAN T,CUI G,CUI G.Consumer attitudes toward marketing in a transitional economy:a replication and extension[J].Journal of consumer marketing,2004(1):10-26.

[86]CONGER J A, KANUNGO R N. The empowerment process:integrating theory and practice[J]. Academy of management review,1988,13(3):471-482.

[87]GERALD R F.Memorandum on consumer representation plans[EB/OL].[2017-01-12].http://www.presidency.ucsb.edu/ws/?pid=6377.

[88]HO S. Growing consumer power in China:some lessons for managers[J].Journal of international marketing,2001,9(1):64-83.

[89]JOHN F K.Special message to the congress on protecting the consumer interest[EB/OL].[2017-01-12]http://www.presidency.ucsb.edu/ws/?pid=9108.

[90]LYNDON B J.Special message to the congress on consumer interests[EB/OL].[2017-01-12].http://www. presidency. ucsb. edu/ws/?pid=27505.

[91]LYNDON B J.Special message to the congress on consumer interests[EB/OL].[2017-01-12].http://www. presidency. ucsb. edu/ws/?pid=26058.

[92]MALTHOUSE EC,CALDER B J,TAMHANE A.The effects of media context experiences on advertising effectiveness[J].Journal of advertising,2007,36(3):7-18.

[93]MCGREGOR S.Sustainable consumer empowerment through critical consumer education:a typology of consumer education approaches[J].International journal of consumer studies,2005,29(5):437-447.

[94]PERKINS D D,ZIMMERMAN M A.Empowerment theory,research,and application[J].American journal of community psychology,1995,23(5):569-79.

[95]RICHARD N.Special message to the congress on consumer protection[EB/OL].[2017-01-12].http://www. presidency. ucsb. edu/ws/?pid=2299.

[96]RICHARD N.Special message to the congress on consumer protection[EB/OL].[2017-01-12].http://www.presidency.ucsb.edu/ws/?pid=3321.

[97]ROGERS E,SINGHAL A.Empowerment and communication:lessons learned from organizing for social change[J].Communication yearbook,2003,27(1):67-85.

[98]SHANKAR A,CHERRIER H,CANNIFORD R.Consumer empowerment:a foucauldian interpretation[J].European journal of marketing,2006,4(9/10):1013-1030(18).

[99] SMITH D B,BLOOM P N.Using content analysis to understand the consumer movement[J].Journal of consumer affairs,1989,23(2):301-328.

[100] SMITH J W.Coming to concurrence[A]//SMITH J W.Does marketing need reform?.Armonk,NY:M.E. Sharpe,2006:15-24.

[101] STANTON J,PIRES G D,WRIGHT L T,et al. The internet,consumer empowerment and marketing strategies[J].European journal of marketing,2006,40(9/10):936-949.

附 录
2014版《中华人民共和国消费者权益保护法修正案(草案)》修正前后对照表

《中华人民共和国消费者权益保护法》是维护全体公民消费权益的法律规范的总称,是为了保护消费者的合法权益、维护社会经济秩序稳定、促进社会主义市场经济健康发展而制定的一部法律。

该法于1993年10月31日第八届全国人大常委会第四次会议通过,自1994年1月1日起施行;2009年8月27日第十一届全国人大常委会第十次会议通过《关于修改部分法律的规定》,对该法进行第一次修正;2013年10月25日,第十二届全国人大常委会第五次会议通过《关于修改〈中华人民共和国消费者权益保护法〉的决定》,对该法进行第二次修正。

2014年3月15日,新消法正式实施,分总则、消费者的权利、经营者的义务、国家对消费者合法权益的保护、消费者组织、争议的解决、法律责任、附则,共8章63条。

修 正 前	修 正 后
第一章 总　则	第一章 总　则
第一条 为保护消费者的合法权益,维护社会经济秩序,促进社会主义市场经济健康发展,制定本法。	第一条 为保护消费者的合法权益,维护社会经济秩序,促进社会主义市场经济健康发展,制定本法。
第二条 消费者为生活消费需要购买、使用商品或者接受服务,其权益受本法保护;本法未作规定的,受其他有关法律、法规保护。	第二条 消费者为生活消费需要购买、使用商品或者接受服务,其权益受本法保护;本法未作规定的,受其他有关法律、法规保护。
第三条 经营者为消费者提供其生产、销售的商品或者提供服务,应当遵守本法;本法未作规定的,应当遵守其他有关法律、法规。	第三条 经营者为消费者提供其生产、销售的商品或者提供服务,应当遵守本法;本法未作规定的,应当遵守其他有关法律、法规。
第四条 经营者与消费者进行交易,应当遵循自愿、平等、公平、诚实信用的原则。	第四条 经营者与消费者进行交易,应当遵循自愿、平等、公平、诚实信用的原则。
第五条 国家保护消费者的合法权益不受侵害。 　　国家采取措施,保障消费者依法行使权利,维护消费者的合法权益。	第五条 国家保护消费者的合法权益不受侵害。 　　国家采取措施,保障消费者依法行使权利,维护消费者的合法权益;国家倡导节约资源和保护环境的合理消费。
第六条 保护消费者的合法权益是全社会的共同责任。 　　国家鼓励、支持一切组织和个人对损害消费者合法权益的行为进行社会监督。 　　大众传播媒介应当做好维护消费者合法权益的宣传,对损害消费者合法权益的行为进行舆论监督。	第六条 保护消费者的合法权益是全社会的共同责任。 　　国家鼓励、支持一切组织和个人对损害消费者合法权益的行为进行社会监督。 　　大众传播媒介应当做好维护消费者合法权益的宣传,对损害消费者合法权益的行为进行舆论监督。
第二章 消费者的权利	第二章 消费者的权利
第七条 消费者在购买、使用商品和接受服务时享有人身、财产安全不受损害的权利。 　　消费者有权要求经营者提供的商品和服务,符合保障人身、财产安全的要求。	第七条 消费者在购买、使用商品和接受服务时享有人身、财产安全不受损害的权利。 　　消费者有权要求经营者提供的商品和服务,符合保障人身、财产安全的要求。

修 正 前	修 正 后
第八条 消费者享有知悉其购买、使用的商品或者接受的服务的真实情况的权利。 消费者有权根据商品或者服务的不同情况，要求经营者提供商品的价格、产地、生产者、用途、性能、规格、等级、主要成分、生产日期、有效期限、检验合格证明、使用方法说明书、售后服务，或者服务的内容、规格、费用等有关情况。	第八条 消费者享有知悉其购买、使用的商品或者接受的服务的真实情况的权利。 消费者有权根据商品或者服务的不同情况，要求经营者提供商品的价格、产地、生产者、用途、性能、规格、等级、主要成分、生产日期、有效期限、检验合格证明、使用方法说明书、售后服务，或者服务的内容、规格、费用等有关情况。
第九条 消费者享有自主选择商品或者服务的权利。 消费者有权自主选择提供商品或者服务的经营者，自主选择商品品种或者服务方式，自主决定购买或者不购买任何一种商品、接受或者不接受任何一项服务。 消费者在自主选择商品或者服务时，有权进行比较、鉴别和挑选。	第九条 消费者享有自主选择商品或者服务的权利。 消费者有权自主选择提供商品或者服务的经营者，自主选择商品品种或者服务方式，自主决定购买或者不购买任何一种商品、接受或者不接受任何一项服务。 消费者在自主选择商品或者服务时，有权进行比较、鉴别和挑选。
第十条 消费者享有公平交易的权利。 消费者在购买商品或者接受服务时，有权获得质量保障、价格合理、计量正确等公平交易条件，有权拒绝经营者的强制交易行为。	第十条 消费者享有公平交易的权利。 消费者在购买商品或者接受服务时，有权获得质量保障、价格合理、计量正确等公平交易条件，有权拒绝经营者的强制交易行为。
第十一条 消费者因购买、使用商品或者接受服务受到人身、财产损害的，享有依法获得赔偿的权利。	第十一条 消费者因购买、使用商品或者接受服务受到人身、财产损害的，享有依法获得赔偿的权利。
第十二条 消费者享有依法成立维护自身合法权益的社会团体的权利。	第十二条 消费者享有依法成立维护自身合法权益的社会团体的权利。
第十三条 消费者享有获得有关消费和消费者权益保护方面的知识的权利。 消费者应当努力掌握所需商品或者服务的知识和使用技能，正确使用商品，提高自我保护意识。	第十三条 消费者享有获得有关消费和消费者权益保护方面的知识的权利。 消费者应当努力掌握所需商品或者服务的知识和使用技能，正确使用商品，提高自我保护意识。

修 正 前	修 正 后
第十四条 消费者在购买、使用商品和接受服务时,享有其人格尊严、民族风俗习惯得到尊重的权利。	第十四条 消费者在购买、使用商品和接受服务时,享有人格尊严、民族风俗习惯得到尊重的权利,享有姓名权、肖像权、隐私权等个人信息得到保护的权利。
第十五条 消费者享有对商品和服务以及保护消费者权益工作进行监督的权利。 消费者有权检举、控告侵害消费者权益的行为和国家机关及其工作人员在保护消费者权益工作中的违法失职行为,有权对保护消费者权益工作提出批评、建议。	第十五条 消费者享有对商品和服务以及保护消费者权益工作进行监督的权利。 消费者有权检举、控告侵害消费者权益的行为和国家机关及其工作人员在保护消费者权益工作中的违法失职行为,有权对保护消费者权益工作提出批评、建议。
第三章 经营者的义务	第三章 经营者的义务
第十六条 经营者向消费者提供商品或者服务,应当依照《中华人民共和国产品质量法》和其他有关法律、法规的规定履行义务。 经营者和消费者有约定的,应当按照约定履行义务,但双方的约定不得违背法律、法规的规定。	第十六条 经营者向消费者提供商品或者服务,应当依照《中华人民共和国产品质量法》和其他有关法律、法规的规定履行义务。 经营者和消费者有约定的,应当按照约定履行义务,但双方的约定不得违背法律、法规的规定。
第十七条 经营者应当听取消费者对其提供的商品或者服务的意见,接受消费者的监督。	第十七条 经营者应当听取消费者对其提供的商品或者服务的意见,接受消费者的监督。
第十八条 经营者应当保证其提供的商品或者服务符合保障人身、财产安全的要求。对可能危及人身、财产安全的商品和服务,应当向消费者作出真实的说明和明确的警示,并说明和标明正确使用商品或者接受服务的方法以及防止危害发生的方法。 经营者发现其提供的商品或者服务存在严重缺陷,即使正确使用商品或者接受服务仍然可能对人身、财产安全造成危害的,应当立即向有关行政部门报告和告知消费者,并采取防止危害发生的措施。	第十八条 经营者应当保证其提供的商品或者服务符合保障人身、财产安全的要求。对可能危及人身、财产安全的商品和服务,应当向消费者作出真实的说明和明确的警示,并说明和标明正确使用商品或者接受服务的方法以及防止危害发生的方法。 宾馆、商场、车站等经营场所的经营者,未尽到安全保障义务,造成消费者或者其他受害人损害的,应当承担侵权责任。 第十九条 经营者发现其提供的商品或者服务存在缺陷,可能对人身、财产安全造成危害的,应当立即向有关行政部门报告和告知消费者,并及时采取停止生产、停止销售、警示、召回等消除危险的措施。采取召回措施的,经营者应当承担消费者因商品被召回支出的必要费用。

修 正 前	修 正 后
第十九条 经营者应当向消费者提供有关商品或者服务的真实信息,不得作引人误解的虚假宣传。 经营者对消费者就其提供的商品或者服务的质量和使用方法等问题提出的询问,应当作出真实、明确的答复。 商店提供商品应当明码标价。	第二十条 经营者应当向消费者提供有关商品或者服务的真实信息,不得作虚假或者引人误解的宣传。 经营者对消费者就其提供的商品或者服务的质量和使用方法等问题提出的询问,应当作出真实、明确的答复。 经营者提供商品或者服务应当明码标价。
第二十条 经营者应当标明其真实名称和标记。 租赁他人柜台或者场地的经营者,应当标明其真实名称和标记。	第二十一条 经营者应当标明其真实名称和标记。 租赁他人柜台或者场地的经营者,应当标明其真实名称和标记。
第二十一条 经营者提供商品或者服务,应当按照国家有关规定或者商业惯例向消费者出具购货凭证或者服务单据;消费者索要购货凭证或者服务单据的,经营者必须出具。	第二十二条 经营者提供商品或者服务,应当按照国家有关规定或者商业惯例向消费者出具购货凭证或者服务单据;消费者索要购货凭证或者服务单据的,经营者必须出具。
第二十二条 经营者应当保证在正常使用商品或者接受服务的情况下其提供的商品或者服务应当具有的质量、性能、用途和有效期限;但消费者在购买该商品或者接受该服务前已经知道其存在瑕疵的除外。 经营者以广告、产品说明、实物样品或者其他方式表明商品或者服务的质量状况的,应当保证其提供的商品或者服务的实际质量与表明的质量状况相符。	第二十三条 经营者应当保证在正常使用商品或者接受服务的情况下其提供的商品或者服务应当具有的质量、性能、用途和有效期限;但消费者在购买该商品或者接受该服务前已经知道其存在瑕疵的除外。 经营者以广告、产品说明、实物样品或者其他方式表明商品或者服务的质量状况的,应当保证其提供的商品或者服务的实际质量与表明的质量状况相符。 经营者提供的机动车、微型计算机、电视机、电冰箱等耐用商品或者装饰装修等服务,自消费者接受商品或者服务之日起六个月内出现瑕疵,发生纠纷的,由经营者承担相关举证责任。

修 正 前	修 正 后
第二十三条 经营者提供商品或者服务,按照国家规定或者与消费者的约定,承担包修、包换、包退或者其他责任的,应当按照国家规定或者约定履行,不得故意拖延或者无理拒绝。	第二十四条 经营者提供商品或者服务不符合质量要求的,消费者可以依照国家规定和当事人约定退货,或者要求经营者履行更换、修理等义务;没有国家规定和当事人约定的,消费者可以自收到商品之日起七日内退货;七日后符合《中华人民共和国合同法》规定的解除合同条件的,消费者可以及时退货,不符合解除合同条件的,可以要求经营者履行更换、修理等义务。 依照前款规定对大件商品进行退货、更换、修理的,经营者应当承担运输等必要费用。
第二十四条 经营者不得以格式合同、通知、声明、店堂告示等方式作出对消费者不公平、不合理的规定,或者减轻、免除其损害消费者合法权益应当承担的民事责任。 格式合同、通知、声明、店堂告示等含有前款所列内容的,其内容无效。	第二十五条 经营者使用格式条款,应当以明显方式提请消费者注意商品或者服务的数量和质量、价款或者费用、履行期限和方式、风险警示、售后服务、民事责任等与消费者有重大利害关系的内容,并按照消费者的要求予以说明。 经营者不得以格式条款、通知、声明、店堂告示等方式作出排除或者限制消费者权利、减轻或者免除经营者责任、加重消费者责任等对消费者不公平、不合理的规定。 格式条款、通知、声明、店堂告示等含有前款所列内容的,其内容无效。
第二十五条 经营者不得对消费者进行侮辱、诽谤,不得搜查消费者的身体及其携带的物品,不得侵犯消费者的人身自由。	第二十六条 经营者不得对消费者进行侮辱、诽谤,不得搜查消费者的身体及其携带的物品,不得侵犯消费者的人身自由。
	第二十七条 采用网络、电视、电话、邮购等方式提供商品或者服务的经营者,以及从事证券、保险、银行业务的经营者,应当向消费者提供经营地址、联系方式、商品或者服务的数量和质量、价款或者费用、履行期限和方式、风险警示、售后服务、民事责任等真实、必要的信息。

修正前	修正后
	第二十八条 经营者采用网络、电视、电话、邮购等方式销售商品,消费者有权自收到商品之日起七日内退货,但根据商品性质不宜退货的除外。经营者应当自收到退回货物之日起七日内返还消费者支付的价款。
	第二十九条 经营者收集、使用消费者个人信息,应当遵循合法、正当、必要的原则,明示收集、使用信息的目的、方式和范围,并经被收集者同意。经营者收集、使用消费者个人信息,应当公开其收集、使用规则,不得违反法律、法规的规定和双方的约定收集、使用信息。 经营者及其工作人员对收集的消费者个人信息必须严格保密,不得泄露、篡改、毁损,不得出售或者非法向他人提供。经营者应当采取技术措施和其他必要措施,确保信息安全,防止消费者个人信息泄露、毁损、丢失。在发生或者可能发生信息泄露、毁损、丢失的情况时,应当立即采取补救措施。 经营者未经消费者同意或者请求,或者消费者明确表示拒绝的,不得向其发送商业性电子信息。
第四章 国家对消费者合法权益的保护	第四章 国家对消费者合法权益的保护
第二十六条 国家制定有关消费者权益的法律、法规和政策时,应当听取消费者的意见和要求。	第三十条 国家制定有关消费者权益的法律、法规和强制性标准,应当听取消费者和消费者协会等组织的意见。
第二十七条 各级人民政府应当加强领导,组织、协调、督促有关行政部门做好保护消费者合法权益的工作。 各级人民政府应当加强监督,预防危害消费者人身、财产安全行为的发生,及时制止危害消费者人身、财产安全的行为。	第三十一条 各级人民政府应当加强领导,组织、协调、督促有关行政部门做好保护消费者合法权益的工作。 各级人民政府应当加强监督,预防危害消费者人身、财产安全行为的发生,及时制止危害消费者人身、财产安全的行为。

修 正 前	修 正 后
第二十八条 各级人民政府工商行政管理部门和其他有关行政部门应当依照法律、法规的规定，在各自的职责范围内，采取措施，保护消费者的合法权益。 有关行政部门应当听取消费者及其社会团体对经营者交易行为、商品和服务质量问题的意见，及时调查处理。	第三十二条 各级人民政府工商行政管理部门和其他有关行政部门应当依照法律、法规的规定，在各自的职责范围内，采取措施，保护消费者的合法权益。 有关行政部门应当听取消费者及其社会团体对经营者交易行为、商品和服务质量问题的意见，及时调查处理。
	第三十三条 有关行政部门在各自的职责范围内，应当对经营者提供的商品和服务进行抽查检验，并向社会及时公布抽查检验结果。 有关行政部门抽查检验发现经营者提供的商品和服务存在缺陷，可能对消费者人身、财产安全造成危害的，应当立即责令经营者采取停止生产、停止销售、警示、召回等消除危险的措施。
第二十九条 有关国家机关应当依照法律、法规的规定，惩处经营者在提供商品和服务中侵害消费者合法权益的违法犯罪行为。	第三十四条 有关国家机关应当依照法律、法规的规定，惩处经营者在提供商品和服务中侵害消费者合法权益的违法犯罪行为。
第三十条 人民法院应当采取措施，方便消费者提起诉讼。对符合《中华人民共和国民事诉讼法》起诉条件的消费者权益争议，必须受理，及时审理。	第三十五条 人民法院应当采取措施，方便消费者提起诉讼。对符合《中华人民共和国民事诉讼法》起诉条件的消费者权益争议，必须受理，及时审理。
第五章 消费者组织	第五章 消费者组织
第三十一条 消费者协会和其他消费者组织是依法成立的对商品和服务进行社会监督的保护消费者合法权益的社会团体。	第三十六条 消费者协会和其他消费者组织是依法成立的对商品和服务进行社会监督的保护消费者合法权益的社会团体。

修正前	修正后
第三十二条 消费者协会履行下列职能： （一）向消费者提供消费信息和咨询服务； （二）参与有关行政部门对商品和服务的监督、检查； （三）就有关消费者合法权益的问题，向有关行政部门反映、查询，提出建议； （四）受理消费者的投诉，并对投诉事项进行调查、调解； （五）投诉事项涉及商品和服务质量问题的，可以提请鉴定部门鉴定，鉴定部门应当告知鉴定结论； （六）就损害消费者合法权益的行为，支持受损害的消费者提起诉讼； （七）对损害消费者合法权益的行为，通过大众传播媒介予以揭露、批评。 各级人民政府对消费者协会履行职能应当予以支持。	第三十七条 消费者协会履行下列职能： （一）向消费者提供消费信息和咨询服务，引导节约资源和保护环境的合理消费，提高消费者维护自身权益的能力； （二）参与制定有关消费者权益的法律、法规和强制性标准； （三）参与有关行政部门对商品和服务的监督、检查； （四）就有关消费者合法权益的问题，向有关部门反映、查询，提出建议； （五）受理消费者的投诉，并对投诉事项进行调查、调解； （六）投诉事项涉及商品和服务质量问题的，可以提请鉴定部门鉴定，鉴定部门应当告知鉴定结论； （七）就损害消费者合法权益的行为，支持受损害的消费者提起诉讼或者依照本法提起诉讼； （八）对损害消费者合法权益的行为，通过大众传播媒介予以揭露、批评。 各级人民政府对消费者协会履行职能应当予以支持。
第三十三条 消费者组织不得从事商品经营和营利性服务，不得以牟利为目的向社会推荐商品和服务。	第三十八条 消费者组织不得从事商品经营和营利性服务，不得以广告或者其他形式向消费者推荐商品和服务。
第六章 争议的解决	第六章 争议的解决
第三十四条 消费者和经营者发生消费者权益争议的，可以通过下列途径解决： （一）与经营者协商和解； （二）请求消费者协会调解； （三）向有关行政部门申诉； （四）根据与经营者达成的仲裁协议提请仲裁机构仲裁； （五）向人民法院提起诉讼。	第三十九条 消费者和经营者发生消费者权益争议的，可以通过下列途径解决： （一）与经营者协商和解； （二）请求消费者协会或者其他调解组织调解； （三）向有关行政部门申诉； （四）根据与经营者达成的仲裁协议提请仲裁机构仲裁； （五）向人民法院提起诉讼。

修 正 前	修 正 后
第三十五条 消费者在购买、使用商品时，其合法权益受到损害的，可以向销售者要求赔偿。销售者赔偿后，属于生产者的责任或者属于向销售者提供商品的其他销售者的责任的，销售者有权向生产者或者其他销售者追偿。 消费者或者其他受害人因商品缺陷造成人身、财产损害的，可以向销售者要求赔偿，也可以向生产者要求赔偿。属于生产者责任的，销售者赔偿后，有权向生产者追偿。属于销售者责任的，生产者赔偿后，有权向销售者追偿。 消费者在接受服务时，其合法权益受到损害的，可以向服务者要求赔偿。	第四十条 消费者在购买、使用商品时，其合法权益受到损害的，可以向销售者要求赔偿。销售者赔偿后，属于生产者的责任或者属于向销售者提供商品的其他销售者的责任的，销售者有权向生产者或者其他销售者追偿。 消费者或者其他受害人因商品缺陷造成人身、财产损害的，可以向销售者要求赔偿，也可以向生产者要求赔偿。属于生产者责任的，销售者赔偿后，有权向生产者追偿。属于销售者责任的，生产者赔偿后，有权向销售者追偿。 消费者在接受服务时，其合法权益受到损害的，可以向服务者要求赔偿。
第三十六条 消费者在购买、使用商品或者接受服务时，其合法权益受到损害，因原企业分立、合并的，可以向变更后承受其权利义务的企业要求赔偿。	第四十一条 消费者在购买、使用商品或者接受服务时，其合法权益受到损害，因原企业分立、合并的，可以向变更后承受其权利义务的企业要求赔偿。
第三十七条 使用他人营业执照的违法经营者提供商品或者服务，损害消费者合法权益的，消费者可以向其要求赔偿，也可以向营业执照的持有人要求赔偿。	第四十二条 使用他人营业执照的违法经营者提供商品或者服务，损害消费者合法权益的，消费者可以向其要求赔偿，也可以向营业执照的持有人要求赔偿。
第三十八条 消费者在展销会、租赁柜台购买商品或者接受服务，其合法权益受到损害的，可以向销售者或者服务者要求赔偿。展销会结束或者柜台租赁期满后，也可以向展销会的举办者、柜台的出租者要求赔偿。展销会的举办者、柜台的出租者赔偿后，有权向销售者或者服务者追偿。	第四十三条 消费者在展销会、租赁柜台或者通过网络交易平台等购买商品或者接受服务，其合法权益受到损害的，可以向销售者或者服务者要求赔偿。展销会结束、柜台租赁期满或者网络交易平台上的销售者、服务者不再利用该平台的，也可以向展销会的举办者、柜台的出租者或者网络交易平台提供者要求赔偿。展销会的举办者、柜台的出租者或者网络交易平台提供者赔偿后，有权向销售者或者服务者追偿。

修 正 前	修 正 后
第三十九条 消费者因经营者利用虚假广告提供商品或者服务,其合法权益受到损害的,可以向经营者要求赔偿。广告的经营者发布虚假广告的,消费者可以请求行政主管部门予以惩处。广告的经营者不能提供经营者的真实名称、地址的,应当承担赔偿责任。	第四十四条 消费者因经营者利用虚假广告提供商品或者服务,其合法权益受到损害的,可以向经营者要求赔偿。广告经营者、发布者发布虚假广告的,消费者可以请求行政主管部门予以惩处。广告经营者、发布者不能提供经营者的真实名称、地址的,应当承担赔偿责任。 广告经营者、发布者设计、制作、发布食品药品等关系消费者生命健康商品或者服务的虚假广告,造成消费者损害的,广告经营者、发布者与提供该商品或者服务的经营者承担连带责任。
	第四十五条 消费者向有关行政部门申诉的,该部门应当自收到申诉书之日起七日内,作出处理。
	第四十六条 对侵害众多消费者合法权益的行为,中国消费者协会以及在省、自治区、直辖市设立的消费者协会,可以向人民法院提起诉讼。
第七章 法律责任	第七章 法律责任
第四十条 经营者提供商品或者服务有下列情形之一的,除本法另有规定外,应当依照《中华人民共和国产品质量法》和其他有关法律、法规的规定,承担民事责任:	第四十七条 经营者提供商品或者服务有下列情形之一的,除本法另有规定外,应当依照《中华人民共和国产品质量法》和其他有关法律、法规的规定,承担民事责任:

修正前	修正后
（一）商品存在缺陷的； （二）不具备商品应当具备的使用性能而出售时未作说明的； （三）不符合在商品或者其包装上注明采用的商品标准的； （四）不符合商品说明、实物样品等方式表明的质量状况的； （五）生产国家明令淘汰的商品或者销售失效、变质的商品的； （六）销售的商品数量不足的； （七）服务的内容和费用违反约定的； （八）对消费者提出的修理、重作、更换、退货、补足商品数量、退还货款和服务费用或者赔偿损失的要求，故意拖延或者无理拒绝的； （九）法律、法规规定的其他损害消费者权益的情形。	（一）商品存在缺陷的； （二）不具备商品应当具备的使用性能而出售时未作说明的； （三）不符合在商品或者其包装上注明采用的商品标准的； （四）不符合商品说明、实物样品等方式表明的质量状况的； （五）生产国家明令淘汰的商品或者销售失效、变质的商品的； （六）销售的商品数量不足的； （七）服务的内容和费用违反约定的； （八）对消费者提出的修理、重作、更换、退货、补足商品数量、退还货款和服务费用或者赔偿损失的要求，故意拖延或者无理拒绝的； （九）法律、法规规定的其他损害消费者权益的情形。
第四十一条 经营者提供商品或者服务，造成消费者或者其他受害人人身伤害的，应当支付医疗费、治疗期间的护理费、因误工减少的收入等费用，造成残疾的，还应当支付残疾者生活自助具费、生活补助费、残疾赔偿金以及由其扶养的人所必需的生活费等费用；构成犯罪的，依法追究刑事责任。	第四十八条 经营者提供商品或者服务，造成消费者或者其他受害人人身伤害的，应当赔偿医疗费、护理费、交通费等为治疗和康复支出的合理费用，以及因误工减少的收入。造成残疾的，还应当赔偿残疾生活辅助具费和残疾赔偿金。造成死亡的，还应当赔偿丧葬费和死亡赔偿金。构成犯罪的，依法追究刑事责任。
第四十二条 经营者提供商品或者服务，造成消费者或者其他受害人死亡的，应当支付丧葬费、死亡赔偿金以及由死者生前扶养的人所必需的生活费等费用；构成犯罪的，依法追究刑事责任。	
第四十三条 经营者违反本法第二十五条规定，侵害消费者的人格尊严或者侵犯消费者人身自由的，应当停止侵害、恢复名誉、消除影响、赔礼道歉，并赔偿损失。	第四十九条 经营者侵害消费者的人格尊严、侵犯消费者人身自由或者侵害消费者姓名权、肖像权、隐私权等个人信息得到保护的权利的，应当停止侵害、恢复名誉、消除影响、赔礼道歉，并赔偿损失。

修 正 前	修 正 后
	第五十条 经营者有侮辱诽谤、限制人身自由等侵害消费者或者其他受害人人身权益的行为,造成严重精神损害的,受害人可以要求精神损害赔偿。
第四十四条 经营者提供商品或者服务,造成消费者财产损害的,应当按照消费者的要求,以修理、重作、更换、退货、补足商品数量、退还货款和服务费用或者赔偿损失等方式承担民事责任。消费者与经营者另有约定的,按照约定履行。	第五十一条 经营者提供商品或者服务,造成消费者财产损害的,应当依照法律规定或者当事人约定承担修理、重作、更换、退货、补足商品数量、退还货款和服务费用或者赔偿损失等民事责任。
第四十五条 对国家规定或者经营者与消费者约定包修、包换、包退的商品,经营者应当负责修理、更换或者退货。在保修期内两次修理仍不能正常使用的,经营者应当负责更换或者退货。 　　对包修、包换、包退的大件商品,消费者要求经营者修理、更换、退货的,经营者应当承担运输等合理费用。 　　(本条内容移至新条文第二十四条并作修改)	
第四十六条 经营者以邮购方式提供商品的,应当按照约定提供。未按照约定提供的,应当按照消费者的要求履行约定或者退回货款;并应当承担消费者必须支付的合理费用。	
第四十七条 经营者以预收款方式提供商品或者服务的,应当按照约定提供。未按照约定提供的,应当按照消费者的要求履行约定或者退回预付款;并应当承担预付款的利息、消费者必须支付的合理费用。	第五十二条 经营者以预收款方式提供商品或者服务的,应当按照约定提供。未按照约定提供的,应当按照消费者的要求履行约定或者退回预付款;并应当承担预付款的利息、消费者必须支付的合理费用。
第四十八条 依法经有关行政部门认定为不合格的商品,消费者要求退货的,经营者应当负责退货。	第五十三条 依法经有关行政部门认定为不合格的商品,消费者要求退货的,经营者应当负责退货。

修正前	修正后
第四十九条 经营者提供商品或者服务有欺诈行为的,应当按照消费者的要求增加赔偿其受到的损失,增加赔偿的金额为消费者购买商品的价款或者接受服务的费用的一倍。	第五十四条 经营者提供商品或者服务有欺诈行为的,应当按照消费者的要求增加赔偿其受到的损失,增加赔偿的金额为消费者购买商品的价款或者接受服务费用的两倍;增加赔偿的金额不足五百元的,为五百元。法律另有规定的,依照其规定。 经营者有明知商品或者服务存在缺陷,仍然向消费者提供的欺诈行为,造成消费者或者其他受害人死亡或者健康严重损害的,依法追究刑事责任;受害人有权要求所受损失两倍以下的民事赔偿。
第五十条 经营者有下列情形之一,《中华人民共和国产品质量法》和其他有关法律、法规对处罚机关和处罚方式有规定的,依照法律、法规的规定执行;法律、法规未作规定的,由工商行政管理部门责令改正,可以根据情节单处或者并处警告、没收违法所得、处以违法所得一倍以上五倍以下的罚款,没有违法所得的,处以一万元以下的罚款;情节严重的,责令停业整顿、吊销营业执照: (一)生产、销售的商品不符合保障人身、财产安全要求的; (二)在商品中掺杂、掺假,以假充真,以次充好,或者以不合格商品冒充合格商品的; (三)生产国家明令淘汰的商品或者销售失效、变质的商品的; (四)伪造商品的产地,伪造或者冒用他人的厂名、厂址,伪造或者冒用认证标志、名优标志等质量标志的;	第五十五条 经营者有下列情形之一,除承担相应的民事责任外,《中华人民共和国产品质量法》和其他有关法律、法规对处罚机关和处罚方式有规定的,依照法律、法规的规定执行;法律、法规未作规定的,由工商行政管理部门或者其他有关行政部门责令改正,可以根据情节单处或者并处警告、没收违法所得、处以违法所得一倍以上十倍以下的罚款,没有违法所得的,处以五十万元以下的罚款;情节严重的,责令停业整顿、吊销营业执照: (一)提供的商品或者服务不符合保障人身、财产安全要求的; (二)在商品中掺杂、掺假,以假充真,以次充好,或者以不合格商品冒充合格商品的; (三)生产国家明令淘汰的商品或者销售失效、变质的商品的; (四)伪造商品的产地,伪造或者冒用他人的厂名、厂址,伪造或

修正前	修正后
（五）销售的商品应当检验、检疫而未检验、检疫或者伪造检验、检疫结果的； （六）对商品或者服务作引人误解的虚假宣传的； （七）对消费者提出的修理、重作、更换、退货、补足商品数量、退还货款和服务费用或者赔偿损失的要求，故意拖延或者无理拒绝的； （八）侵害消费者人格尊严或者侵犯消费者人身自由的； （九）法律、法规规定的对损害消费者权益应当予以处罚的其他情形。	者冒用认证标志、名优标志等质量标志的； （五）销售的商品应当检验、检疫而未检验、检疫或者伪造检验、检疫结果的； （六）对商品或者服务作虚假或者引人误解的宣传的； （七）拒绝或者拖延对缺陷商品采取停止生产、停止销售、警示、召回等消除危险措施的； （八）对消费者提出的修理、重作、更换、退货、补足商品数量、退还货款和服务费用或者赔偿损失的要求，故意拖延或者无理拒绝的； （九）侵害消费者人格尊严、侵犯消费者人身自由或者侵害消费者姓名权、肖像权、隐私权等个人信息得到保护的权利的； （十）法律、法规规定的对损害消费者权益应当予以处罚的其他情形。
第五十一条 经营者对行政处罚决定不服的，可以自收到处罚决定之日起十五日内向上一级机关申请复议，对复议决定不服的，可以自收到复议决定书之日起十五日内向人民法院提起诉讼；也可以直接向人民法院提起诉讼。	第五十六条 经营者对行政处罚决定不服的，可以依照《中华人民共和国行政复议法》《中华人民共和国行政诉讼法》的规定申请行政复议或者提起行政诉讼。
第五十二条 以暴力、威胁等方法阻碍有关行政部门工作人员依法执行职务的，依法追究刑事责任；拒绝、阻碍有关行政部门工作人员依法执行职务，未使用暴力、威胁方法的，由公安机关依照《中华人民共和国治安管理处罚法》的规定处罚。	第五十七条 以暴力、威胁等方法阻碍有关行政部门工作人员依法执行职务的，依法追究刑事责任；拒绝、阻碍有关行政部门工作人员依法执行职务，未使用暴力、威胁方法的，由公安机关依照《中华人民共和国治安管理处罚法》的规定处罚。
第五十三条 国家机关工作人员玩忽职守或者包庇经营者侵害消费者合法权益的行为的，由其所在单位或者上级机关给予行政处分；情节严重，构成犯罪的，依法追究刑事责任。	第五十八条 国家机关工作人员玩忽职守或者包庇经营者侵害消费者合法权益的行为的，由其所在单位或者上级机关给予行政处分；情节严重，构成犯罪的，依法追究刑事责任。

修 正 前	修 正 后
第八章 附　则	第八章 附　则
第五十四条 农民购买、使用直接用于农业生产的生产资料，参照本法执行。	第五十九条 农民购买、使用直接用于农业生产的生产资料，参照本法执行。
第五十五条 本法自1994年1月1日起施行。	第六十条 本法自1994年1月1日起施行。

后 记

从广告学硕士学习生涯开始,对广告产业链条上每一个环节,包括广告公司、媒介、广告主以及消费者的考察和了解,贯穿了本人的学习与教研生涯。近二十年,随着经济社会环境的逐步变化和技术天翻地覆的革新,广告产业中各个角色间的实力博弈,留下了中国特色社会主义市场经济萌芽与发展的深刻印记,也在点滴间描绘着当下中国的消费图景。

自进入这个专业以来,"以消费者为中心"常常成为我在学习和研讨中的至理名言,但在中国多级市场并存的营销环境下,做到这一点并不容易。市场经济的成熟和完善,必然包括消费者权益保护的升级。在我国经济社会发展取得巨大成就、国际地位显著提升的同时,我国社会转型期中的各种问题和矛盾也不断凸显。市场监管不完善、消费者知识水平总体有待提升,以及媒体专业度良莠不齐,导致误导消费者的信息层出不穷,各种侵害消费者权益的行为屡禁不绝。消费者权益纠纷问题是个体和生产经营者之间的关系问题,同时更多体现出消费者与生产经营者之间的权利与义务的不对等。涉及消费者权益纠纷的范围逐步扩大,更切实地涉及社会各个方面的公共利益问题。本人开展专业学习的这二十年,也是互联网深刻改变商业模式,进而推动社会治理模式变革的黄金时代。观察和思考互联网为消费者带来的增权变化,对于研究者而言,无疑是一个新颖且广阔的课题。

伴随着消费环境的变化和科学技术的进步,互联网给中国消费者带来的增权空间令人振奋。而今，对个人隐私的过度商用化、人工智能商用可能带来的伦理问题等，又将成为消费者权益保护研究中的焦点。只有时刻保持敏锐的问题意识与高昂的研究热情，不断进行观察与反思、探索与总结、引领与呼吁，才能不负学者的责任与担当。

写文章对于教师来说是一项常态化的工作，但是，专著付梓出版的意义终究不同。整个过程中身心煎熬不过是小小的磨炼而已，于我而言，更重要的是对自己学术思维和写作能力的一种审视，是对自己研究心路的一种反省，以及对未来发展选择的一种思考。回想这一路求学任教的生涯，有太多的人需要感谢：

首先要感谢我的博士生导师张树庭教授。他是我的师兄、师长和领导。一路走来，我的学业与事业离不开他的指引与鞭策、鼓励与提携。他的言传身教让我感悟到"德不孤，必有邻"，他的治学精神也让我领会了"业精于勤而荒于嬉"。在写作过程中遇到的瓶颈，老师都悉心开导和指教，给了我莫大支持和鼓舞，本书的修改提升和最终完稿凝结着导师的心血。借这个难得的机会，谨向导师表达发自内心的感谢和敬意。

我还要感谢在求学期间师长和同窗的帮助和关心。回顾在广告学院的学习生涯，如果没有硕士生导师丁俊杰教授的鼓励与支持，我可能都没有勇气和机会考上广院广告系；没有时任院长黄升民教授的严格要求，我不可能在毕业后迅速地适应工作环境，迎接各种工作挑战。还有其间各项目组负责老师、师兄师姐的指导以及师弟师妹们的帮助。点点滴滴，感念于心。在硕士、博士学习期间，最开心的是收获了一帮志同道合的同窗，他们的热情与坦诚常让我忘却学习的压力，与他们的交流是令人愉悦的。

另外要感谢的是在工作期间前辈同仁的悉心指教与扶持。BBI商务品牌战略研究所的同事们多年来在工作中并肩奋斗，在生活中彼此分享，能和他们共事是难忘的经历。在南广学院、社服办、传播研究院、MBA学院、经管学院、动画与数字艺术学院遇到的友爱的领导和同事也都是我职业生涯中的财富，感谢他们的包容和理解，也感谢他们对我在职学习期间所给予的体谅与关照。也要感谢本书修订期间,我担任行政职务所在的音乐和录音艺术学院的班子成员和师生们在工作上给予的支持与帮助。

最后要感谢的是我的家人,无论我做什么决定,他们都无条件支持。他们给予我无微不至的关爱,是我在外奋斗的不竭动力和永远的精神支柱。

在本书后记的撰写之日,历经新冠疫情的三年往复,但校园里依旧是草木荣葱,丽日蓝天。寒来暑往,光阴就这么不舍昼夜地流逝,不曾为任何人作片刻停留。感谢过往努力与坚守的自己,也送给告别青春时代迎来不惑的自己。

2022 年 7 月 20 日于中国传媒大学校园

图书在版编目(CIP)数据

角色变迁与行动演进:互联网背景下的消费者增权理论与实践研究/郑苏晖著.--北京:中国传媒大学出版社,2022.9

ISBN 978-7-5657-3137-2

Ⅰ.①角… Ⅱ.①郑… Ⅲ.①消费者权益保护—研究 Ⅳ.①D913.04

中国版本图书馆 CIP 数据核字(2021)第 275010 号

角色变迁与行动演进:互联网背景下的消费者增权理论与实践研究
JUESE BIANQIAN YU XINGDONG YANJIN:HULIANWANG BEIJING XIA DE XIAOFEIZHE ZENGQUAN LILUN YU SHIJIAN YANJIU

著　　者	郑苏晖
策划编辑	蒋　倩
责任编辑	蒋　倩
封面设计	拓美设计
责任印制	李志鹏
出版发行	中国传媒大学出版社
社　　址	北京市朝阳区定福庄东街1号　　邮　编　100024
电　　话	86-10-65450528　65450532　　传　真　65779405
网　　址	http://cucp.cuc.edu.cn
经　　销	全国新华书店
印　　刷	唐山玺诚印务有限公司
开　　本	710mm×1000mm　1/16
印　　张	12.5
字　　数	185 千字
版　　次	2022 年 9 月第 1 版
印　　次	2022 年 9 月第 1 次印刷
书　　号	ISBN 978-7-5657-3137-2/D·3137　　定　价　59.80 元

本社法律顾问:北京嘉润律师事务所　郭建平

版权所有　翻印必究　印装错误　负责调换